JN084393

[著]

桜井美加　SAKURAI Mika

齋藤ユリ　SAITO Yuri

森平直子　MORIDAIRA Naoko

教育相談ワークブック ❖ 新版 ❖

子どもを育む人になるために

WORKBOOK

of　New edition

School Guidance
and Counseling

北樹出版

は じ め に

　本書は、将来子どもに関わる仕事を目指す学生のために執筆されました。教師と生徒との関係が中心に述べられていますが、教育相談やカウンセリングに関心のある方や子どもへのボランティア活動を望んでいる方、学童期・思春期の子どもの支援に興味関心のある方などに読んでいただいても、興味深い内容となっています。子どもの発達や教育のあり方は、急速に進む少子高齢化やインターネットの普及など、時代の変化に色濃く影響を受け、変わっていかざるをえないでしょう。これまでに積み重ねられてきた先達の知見を大切にしつつ、今日の前にいる子どもには何が必要なのかという判断は、教師やカウンセラー一人ひとりに任されています。

　本書はワークブック形式で作成されています。著者3名の授業スタイルは、アクティブ・ラーニングです。授業は教師と学生双方向のコミュニケーションで創りあげていくものだと思います。本書にはこれまで私たちが学生とのやりとりを通して学んできたことが、ちりばめられています。本ワークブックを活用することで、授業中にロールプレイやグループワークを行い、単に知識を得るだけでなく、現場でみずから考えて対応することができる応用力・実践力も併せて身につけることができるようになっています。自分の考えを大切にしつつ、いろいろな人と体験を分かちあいともに考えていくという姿勢が、学校現場において非常に大切なものであるということに、身をもって気づいていただければと思います。また、本書を通して教師の立場や視点から問題を考えてみることは、学校のなかで教師と協力して子どもの育ちを援助するスクールカウンセラーやスクールソーシャルワーカーを目指す人にとっても、有意義なことだと思います。さらに、ワークを通して身につくコミュニケーション能力は社会や家庭でも活かすことができるでしょう。

　本書が、多くの読者のみなさんの学習意欲を高め、ニーズに応えることのできる教材としてお役に立つことを願っています。

　本書を作成する機会を与えていただいた北樹出版に感謝申し上げます。とくに編集者の福田千晶さんには度重なる話し合いに辛抱強くおつきあいいただき、最後までさまざまなサポートをしていただきましたことを厚くお礼申し上げます。

　本書の特徴であるアクティブ・ラーニングを充実させるために、ワークシートをダウンロードして活用できるようになっています。💻マークのついているワークは北樹出版ホームページよりダウンロードしてください。

URL → http://www.hokuju.jp/soudanwork/shiryo.html

新版にあたって

2016 年に本ワークブックの初版が発行され、2019 年に改訂版が発行されました。それから 5 年、この間コロナ禍で学校が休校になり、授業がリモートになる、行事が取りやめになるなど、教育現場はかつてない大きな環境の変化に見舞われました。そして、不登校、いじめ、学校での暴力、生徒の自殺者の数は上昇しています。また、2022 年 6 月に「こども基本法」が成立し、子どもの権利擁護や意見を表明する機会の確保等が同法の基本理念として位置付けられました。これらの状況をふまえて、文部科学省は 2022 年 12 月に「生徒指導提要」を 12 年ぶりに改訂しました。この改訂では、児童生徒の問題の予防・早期対応といった課題対応の側面のみならず、児童生徒の発達を支えるような教育相談的なかかわりや考え方について詳しい説明がなされています。「教育相談」をめぐるこれらの大きな変化を反映した、より新しい情報を盛り込むために、今回私たちは「改訂版　教育相談ワークブック」に大幅な改訂を加えることにしました。

改訂した主な点は以下の通りです。

1．「生徒指導提要（2022 改訂版）」の内容に即して、生徒指導と教育相談のあり方について記述を変更しました。
2．あらたに第 11 章　知っておきたい心のトピックスを設け、さまざまな背景を抱えた子どもを理解するために必要な心の病気や子どもの背景について記述をしました。また、ワークブック全体の章立ての順番を、より活用しやすくするために変更しました。
3．第 3 章　児童生徒理解のためのアセスメントを、これまでの内容からより学校現場で必要とされるアセスメントの内容に変更しました。
4．統計資料を新しいものにし、グラフや図もあらたにしました。
　たとえば小学校における校内暴力は 2016 年（平成 28 年度）の文部科学省の調査では 10 年で 6 倍となり、その後も増え 2022 年（令和 4 年度）ではその 3 倍近くになっています。その他不登校、いじめ、児童虐待など児童生徒の現状が伝わるように改訂しました。
5．私たちが授業で本ワークブックを用いた際の学生の声を反映して、より理解しやすい記述にし、事例の一部やワークの内容などもより学生が理解し活用しやすいように改変しました。

本ワークブックが、一層読者の皆さんのニーズに応えることができるものになっていれば幸いです。

Contents　　[新版] 教育相談ワークブック

【新版】

教育相談ワークブック

子どもを育む人になるために

1

教育相談とは

みなさんは「教育相談」と聞いてどんなイメージをもちますか？　下記の①〜⑤で「教育相談」だと思うものを選んでください。

① スクールカウンセラーが、不登校の生徒の相談にのる。

② 担任の先生が、生徒の保護者の相談にのる。

③ いつも元気なＡさんが、「おはよう」と声をかけてもうつむいたまま。「元気がないけどどうしたの？」と担任の先生が声をかける。

④ 中学入学後、情報モラル教育を行う。

⑤ 遠足の事前学習で、班別自由行動の話しあいが活発になるよう援助する。

実は、これらは皆「教育相談」なのです。この章では「教育相談」とは何か、なぜ今教師に教育相談的なかかわりが求められているのかについて学びます。

■■ 1. なぜ、今「教育相談」が求められているのか ■■

　教育相談は、児童生徒が自己理解を深めたり好ましい人間関係を築いたりしながら集団のなかで適応的に生活する力を育み、個性の伸長や人格の成長を支援する教育活動です。教師は生徒に接するあらゆる場面で「主に集団の場面で必要な指導や援助を行うガイダンスと、個々の生徒の多様な実体をふまえ、一人一人が抱える課題に個別に対応した指導を行うがカウンセリングの双方により、生徒の発達を支援すること」（文部科学省，2017a）が求められているのです。

　今、中学校の40人の学級には不登校の生徒が2人、特別支援を必要とする生徒が3人の割合で在籍しており、個別的な理解と支援が求められています。いじめや非行、校内暴力の予防や対応にも、一人ひとりの状況や背景を理解しながら対応することが必要です。また、児童や生徒の教育には保護者の協力が欠かせません。保護者と信頼関係を結び連携を進めるにあたって、さらには、学級の雰囲気づくり、生徒同士の関係づくりといった予防的な場面など、「生徒に関するあらゆる教育活動」の場面で教育相談的なかかわりや配慮を行うことが「すべての教師」に求められているのです。それゆえ、「すべての教師」に「生徒に接するあらゆる教育活動」の場面で教育相談をいかし、「教育相談的な配慮」が求められているのです。教育相談の考え方をもとにしたコミュニケーションは自分の思いや考えをただ伝えるものではなく、相手が受け取りやすい形で伝える工夫を行い、相手の意見や気持ちを受けとめながらこちらの思いを伝えるものです。さまざまなワーク（エクササイズ・事例・グループワーク等）を通して体験しながら学んでいきましょう。ワークの目標は、①自分を深く知ること（価値観・長所・性格など）、②他者とのかかわりを通し、自

分とは違う他者を受容すること、③教育の現場で役立つような、教育相談の考え方、カウンセリングの基本を身につけることです。

■■ 2. 教育相談の特質 ■■

教育相談は生徒指導の一環として位置づけられ、しかもその中心的な役割を担っています。

① 個別性、多様性、複雑性に対応する教育相談

教育相談は主に個に焦点を当てて、面接やエクササイズ（演習）を通して個の内面の変容を図ることを目指しており、生徒指導は主に集団に焦点を当てて、集団としての成果や発展を目指し、集団内に支えられた個の変容を図ります。また、教育相談は生徒指導の中心的な教育活動で、現代の児童生徒の個別性・多様性・複雑性に対応しています。

② 生徒指導と教育相談が一体となったチーム支援

「不登校、いじめや暴力行為等の問題行動、子どもの貧困、児童虐待等については、生徒指導と教育相談が一体となって、事案が発生してからのみではなく、未然防止、早期発見、早期支援・対応、さらには、事案が発生した時点から事案の改善・回復、再発防止まで一貫した支援」（文部科学省, 2023）に重点をおいたチーム支援体制をつくることが求められており、教師はSC（スクールカウンセラー）、SSW（スクールソーシャルワーカー）等の専門家とともに1つのチームとして支援に当たります（詳しくは第2章参照）。

表 1-1　チーム学校における SC・SSW

名　称	業務内容	担い手
SC（スクールカウンセラー）	SCは、心理に関する高度な専門的知見を有する者として、不登校、いじめや暴力行為等問題行動、子供の貧困、児童虐待等の未然防止、早期発見及び支援・対応等や学習面や行動面で何らかの困難を示す児童生徒、障害のある児童生徒・保護者への支援に係る助言・援助等のため、これらを学校として認知した場合や災害等が発生した場合等において、様々な技法を駆使して児童生徒、その保護者、教職員に対して、カウンセリング、情報収集・見立て（アセスメント）や助言・援助（コンサルテーション）を行うとともに、全ての児童生徒が安心した学校生活を送ることができる環境づくり等を行う。さらに、SCは個々の児童生徒のみならず学校全体を視野に入れ、心理学的側面から学校アセスメントを行い、個から集団・組織にいたる様々なニーズを把握し、学校コミュニティを支援する。	公認心理師・臨床心理士
SSW（スクールソーシャルワーカー）	SSWは、児童生徒の最善の利益を保障するため、ソーシャルワークの価値・知識・技術を基盤とする福祉の専門性を有する者として、学校等においてソーシャルワークを行う専門職である。スクールソーシャルワークとは、不登校、いじめや暴力行為等問題行動、子供の貧困、児童虐待等の課題を抱える児童生徒の修学支援、健全育成、自己実現を図るため、ソーシャルワーク理論に基づき、児童生徒のニーズを把握し、支援を展開すると共に、保護者への支援、学校への働き掛け及び自治体の体制整備への働き掛けを行うことをいう。そのため、SSWの活動は、児童生徒という個人だけでなく、児童生徒の置かれた環境にも働き掛け児童生徒一人一人のQOL（生活の質）の向上とそれを可能とする学校・地域をつくるという特徴がある。	社会福祉士や精神保健福祉士

参考文献・引用文献：児童生徒の教育相談の充実について〜学校の教育力を高める組織的な教育相談体制づくり〜（報告）2017年1月教育相談等に関する調査研究協力者会議

■■ 3. 教育相談の目的と4つの機能 ■

　教育相談の目的は、一人ひとりの生徒が自分のもてる力を発揮しつつ現在や将来の社会生活に適応できるようにすること、さらには人間的成長や自己実現ができるように促すことです。生徒指導・教育相談には次の4つの層があります。

表1-2　教育相談における4つの層（文部科学省，2023）

	対象	内容
第1層 発達支持的生徒指導	全ての児童生徒	児童生徒の「個性の発見とよさや可能性の伸長と社会的資質・能力の発達を支える」日々の教職員の児童生徒への挨拶、声かけ、励まし、賞賛、対話、および、授業や行事等を通した個と集団への働きかけのこと。例えば、自己理解力や自己効力感、コミュニケーション力、他者理解力、思いやり、共感性、人間関係形成力、協働性、目標達成力、課題解決力などを含む社会的資質・能力の育成や、自己の将来をデザインするキャリア教育など。この第1層と第2層で用いられるさまざまな手法について表1-3に挙げておく。
第2層 課題未然防止教育	全ての児童生徒	生徒指導の諸課題の未然防止をねらいとした、意図的・組織的・系統的な教育プログラムの実施（いじめ防止教育、SOSの出し方教育を含む自殺予防教育、薬物乱用防止教育、情報モラル教育、非行防止教室等）。
第3層 課題早期発見対応	気になる一部の児童生徒	深刻な問題に発展しないように、初期の段階で諸課題を発見し、対応する。例えば、ある時期に成績が急落する、遅刻・早退・欠席が増える、身だしなみに変化が生じたりする児童生徒に対して、いじめや不登校、自殺などの深刻な事態に至らないように、早期に教育相談や家庭訪問などを行い、実態に応じて迅速に対応。
第4層 困難課題対応的生徒指導	特別な指導・援助を必要とする特定の児童生徒	いじめ、不登校、少年非行、児童虐待など特別な指導・援助を必要とする特定の児童生徒を対象に、校内の教職員（教員、SC、SSW等）だけでなく、校外の教育委員会等、警察、病院、児童相談所、NPO等の関係機関との連携・協働による課題対応を行う。

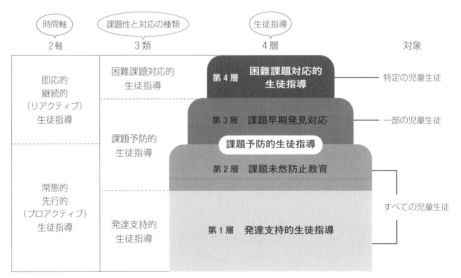

図1-1　生徒指導の構造（東京都，2023をもとに作成）

上記の生徒指導・教育相談の充実には、教師が児童生徒と信頼関係を結ぶ、子どもの様子を細やかに観察し気づく、といった教師の日常的なかかわりの質を高めることが求められます。

■ ワーク1−1　教育相談の4つの層

冒頭の①〜⑤が教育相談の4つの層のどれに当たるか記してください。また、あなたが今までに受けたことのあると考える教育相談の活動をそれぞれの層別に書いてみてください（経験がないと考えた項目は空欄にしてください）。

○第1層　　　　　　　　　　　　　○第2層

○第3層　　　　　　　　　　　　　○第4層

表1-3　発達支持的生徒指導で用いられるさまざまな手法（文部科学省，2010 をもとに作成）

グループ・エンカウンター	「エンカウンター」とは「出会う」という意味。グループ体験を通し、他者や自分に出会う。人間関係づくりや相互理解、協力し問題解決する力が養われる。
ピア・サポート活動	「ピア」とは児童生徒「同士」という意味。児童生徒の社会的スキルを育て、児童生徒が互いに支え合う関係を作る。
SST(ソーシャルスキルトレーニング)	さまざまな社会的技能をトレーニングにより、育てる方法。「相手を理解する」「自分の思いや考えを適切に伝える」「集団行動に参加する」などが目標となる。
アサーショントレーニング	対人場面で自分の伝えたいことをしっかり伝えるためのトレーニング。「断る」「要求する」といった葛藤場面での自己表現や、「ほめる」「感謝する」といった他者とのかかわりを円滑にするスキル獲得を目指す。
アンガーマネジメント	自分の中に生じた怒りの対処法を段階的に学ぶ方法。「きれる」行動に対して身体感覚に焦点をあてて、段階的に感情のコントロールを学ぶ。また、呼吸法などリラックスする方法を学ぶやり方もある。
ストレスマネジメント	さまざまなストレスに対する対処法を学ぶ手法。ストレスについての知識を学び、その後「リラクセーション」「コーピング（対処法）」を学習する。
ライフスキルトレーニング	自分の身体やこころ、命を守り、健康に生きるためのトレーニング。「自尊心の維持」「意志決定スキル」「自己主張」などの獲得を目指す。喫煙、飲酒、薬物、性などの課題に対処する方法。
キャリアカウンセリング	職業生活に焦点を当て自己理解を図り、将来の生き方を考え、自分の目標に必要な力の育て方や職業的目標について明確にする。

代表的な
相談形態

- ・個別相談
- ・グループ相談
- ・チーム相談
- ・呼び出し相談
- ・チャンス相談
- ・定期相談
- ・自発相談　など

代表的な
相談方法

- ・面接相談
- ・電話相談
- ・手紙相談
- ・メール相談　など

図 1-2　教育相談の形態、方法
（文部科学省，2020）

4. 教育相談の形態と方法

　教育相談は、ひとりの生徒を対象とするか、生徒のグループを対象とするかにより、個別相談とグループ相談に区別できます。また、必要に応じて教師が呼び出す**呼び出し相談**、偶然の機会をとらえての**チャンス相談**、年度当初から計画された二者面談・三者面談などの**定期相談**、生徒が自発的に訪れる**自発相談**などがあります。このなかでイメージしにくいのは「チャンス相談」だと思います。教師は日常、生徒と接するあらゆる場面で相談活動を展開するチャンスが訪れます。たとえば朝、校門に立ち「おはようございます」と児童生徒を迎える際に、声をかけてみる。あるいは係や当番の生徒とともに活動している場面や、給食中の会話、昼休みの時間等、教師の方から気軽に日常的な話題を投げかけてみる……そんな積み重ねが生徒の心を開かせ、信頼関係を育むことにつながるのです。

　相談方法は面接によるものが基本ですが、不登校の児童生徒や保護者との相談には電話や手紙、メールなどを活用することも大切です。面接の方法について詳しくは「第4章カウンセリングの基本を学ぶ」を参照してください。

ワーク 1-2　　「自己を知る」——コミュニケーションの出発点

　人は誰でも自分の枠組み（考え方・価値観・人生観）をもっています。それは自分を守る城のようなものでとても大切なものです。ですが、時にコミュニケーションにはこの枠組みが壁となるのです。ある日不登校気味のはなさんが「先生、やばいやばい！」と相談室に駆け込んできました。（教室で何か嫌なことがあったのかな？　はなさん大丈夫かな？）と思いながら沈んだ声で「やばかった？」と応じるとはなさんは「友だちに話しかけられてすごく嬉しかった!!」と晴れやかな笑顔になったのです。はなさんは「GOOD」の意味で「やばい」と言ったのに、受け取る私が自分の枠組みに引き寄せて「BAD」の意味で受け取ったのです。このように、私たちは自分の「枠組み」からものを見たり、話を聞いて理解しているのです。いろいろな枠組みがあるからこそ、お互いが自分の枠組みにとらわれ、誤解が生じることもありますが、それと同時に、お互い刺激をしあって成長することができるのです。コミュニケーションを学ぶには、まずは「自分の枠組み」を知ることが出発点になります。そこで、自分の枠組みを知るために次のワークを行ってみましょう。

Aさん　Bさん　Cさん

図 1-3　人は誰でも自分の枠組みをもっている

（1）次の「私は……」で始まる文を書いてみましょう。文が思いつかない人は自己紹介をする

つもりで書いてみましょう。

私は _____

私は _____

私は _____

私は _____

私は _____

私は _____

私は _____

私は _____

私は _____

私は _____

私は _____

私は _____

(2) 自分自身と向きあって「見られたい自分」を考えてみましょう。

①私は人からこう見られたい

②私は人からこう見られたくない

(3) 私らしさ　次の「私は……」で始まる文を書いてみましょう。

私は _____ の時楽しい。

私は _____ の時悲しい。

私は _____ の時頭にくる。

私は _____ している時が一番自分らしい。

私は _____ されるのが好き。

私はもっとお金があったら _____ したい。

私は _____ の時よく笑う。

自己概念

　ワーク (1)「私は……」の「……」の部分、ワーク (2) の人から「こう見られたい」「こう見られたくない」、ワーク (3)「私らしさ」は、みなさん一人ひとりのもつ「枠組み」（自己イメージ）で、ロジャーズ（Rogers, C. R.）はこれを自己概念として、パーソナリティの変容を説明し

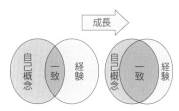

図 1-4　自己概念の変化

ています。みなさんは、ワーク（1）～（3）すべてを記入できたでしょうか。なかには思い浮かばない項目や書きにくい項目もあったかもしれません。それは今のあなた自身を知る糸口となるでしょう。

　人は誰でも自己概念をもっています。自己概念に一致する経験は自分で受け入れられますが、自己概念に一致しない経験は受け入れにくく「歪曲（自己概念に合う体験として理解）」や「否認（経験を受け入れない）」するのです。

　たとえば「自分には才能がない」という自己概念をもっている人が、絵画コンクールで優秀賞をもらったとします。その人は入賞した（才能がある）という経験を否認し、「たまたま運が良かっただけだ」「まぐれだ」と歪曲して経験するのです。

　「自己概念」を豊かにすると、いろいろな経験が受け入れられるようになります。「自己概念」を豊かにするには、①たくさんの経験をする、②他者からたくさんのフィードバックをもらう、③ありのままの自分を他者に受け入れられる経験、が必要です。本書のワークを通してありのままの自分を見つめていきましょう。

■■ 5. ま と め ■

　教育相談はすべての教師が、生徒と接するあらゆる機会（いつでも）をとらえてすべての児童生徒に対して行うものです。教師に求められるコミュニケーションの出発点は自分を知ることです。

■ ワーク 1-3　　あなたの目指すもの

　あなたはなぜ教師・カウンセラー（その他の職業）を目指しているのでしょうか（なぜ、この授業を受講しているのでしょうか）。その理由を書きましょう。

目指している職業

その理由

|| 推 薦 図 書

文部科学省（2023）．生徒指導提要（改訂版）──全文と解説── 学事出版：生徒指導、教育相談、生徒理解についてわかりやすく解説されており、コストパフォーマンスが高い。教師を目

指す人必携！

【引用・参考文献】

福島 脩美（監修）樺澤徹二（2003）．学校カウンセリングの考え方・進め方　金子書房

星野 欣生（2003）．人間関係づくりトレーニング　金子書房

小林 正幸・橋本 創一・松尾 直博（編）（2021）．教師のための学校カウンセリング　改訂版　有斐閣

教育相談等に関する調査研究協力者会議（2017）．児童生徒の教育相談の充実について――学校の教育力を高める組織的な教育相談体制づくり――（報告）

文部科学省（2010）．生徒指導提要　教育図書

文部科学省（2023）．生徒指導提要（改訂版）――全文と解説――学事出版

文部科学省（2017a）．中学校学習指導要領（平成 29 年告示）解説（特別活動編）

文部科学省（2017b）．児童生徒の教育相談の充実について（通知）

文部省（1990）．学校における教育相談の考え方・進め方――中学校・高等学校編　大蔵省印刷局

Rogers, C. R.（1951）. A theory of personality and behavior. In "Client-centered Therapy: its current practice, implications, and therapy," Part Ⅲ, Cap 11, pp.481-533 Houghton-Mifflin Co.　（ロジャース，C. R. 伊東博（編訳）（1967）．ロージァズ全集 8　パースナリティ理論　岩崎学術出版社）

東京都教育庁指導部（2022）．「生徒指導提要（令和 4 年 12 月）」のポイント（基礎編）　https://www.kyoiku.metro.tokyo.lg.jp/school/content/files/leaflet_seitoshidouteiyou/point_kiso.pdf

2

学校における連携と協働

　義務教育では、多様な背景や能力、個性をもった子どもたちが、たまたま同じクラスになりクラスメートとして協力しあいながら学習をしたり、学校生活を送ることになります。この学校というコミュニティは子どもにとって挑戦できるさまざまな場と機会を与えてくれます。そして子どもが健やかに伸び伸びと自分の個性を大切にしつつ成長するためには、学校コミュニティという環境の質も問われることになります。とくに傷つき悩み苦しんでいる子どもにとって、安心かつ安全なコミュニティを作るためにどのような人々や機関と連携・協働することが必要なのかについて、学んでいくことにしましょう。

■■ 1. チーム学校における教育相談 ■■

　学校では、「チーム学校」の背景として、2015年文部科学省より 1) 新しい時代に求められる資質・能力を育む教育課程を実現するための、2) 複雑化・多様化した課題を解決する、3) 子どもと向き合う時間の確保等のための体制整備が必要であるとされました。その結果、地域の連携・協働を強化することが求められるようになりました。具体的には、図 2-1 のようなイメージです。

　チーム学校とは、教員がチームとして課題のある児童生徒への支援に取り組むことがで

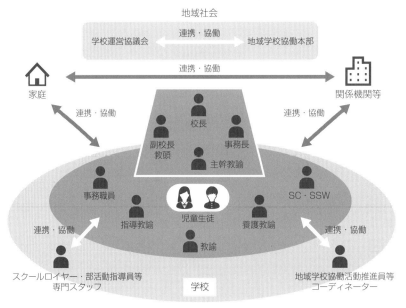

図 2-1　チーム学校（文部科学省, 2015 をもとに作成）

きるように、多様な職種の専門性を有するチームを学校に置き、それらの教職員や専門スタッフがみずからの専門性を発揮しつつ、連携や協働するための体制をいいます。教員をはじめ、コーディネーター、養護教諭、栄養教諭・学校栄養職員、主幹教諭、事務職員などがチームの一員として考えられます。教員以外の専門スタッフとしては、スクールカウンセラー（心理）、スクールソーシャルワーカー（福祉）、部活動指導員等が加わり、地域社会の構成員としては保護者や地域住民、民生委員等や、警察、消防、保健所、児童相談所、医療機関等のスタッフも加わります。

■■ 2. 学校におけるさまざまな連携

(1) コラボレーション（協働）

コラボレーションとは、異なる分野の専門家同士が、共通の目標をもって、各人のもつ人的・社会的資源を共有し、役割分担を取り決めるなどして、活動することを指します。

コラボレーションが成功するためには、関係者が互いにプロセスを理解しあい、もし問題が生じた時には互いに柔軟に対応できることが重要です。たとえば、①共通した目標の設定、②相互に依存していることの認識、③決断に関して同等の影響力をもつ、④コラボレーションの結果に関して同等の責任をもつことなどにより、スムーズな協働が可能になります。「チーム学校」はその典型例といえます。学校の連携先としては、前項のチーム学校であげた以外にも、医療機関、教育センター、民生委員・児童委員等があります。

コラボレーションを促進する要因は、互いの職務の専門性の理解、同等な関係形成、問題の予測能力などです。一方で、コラボレーションを妨げる要因は、互いの専門性の知識の欠如、役割のあいまいさ、価値観・方法論の対立、信頼・コミュニケーション・意欲の欠如、不均等な力関係、事前の準備不足などです。

(2) コンサルテーション

コンサルテーションとは、専門家が専門家に相談・助言指導を行うことを指します。コンサルタント（助言する人）とコンサルティ（助言を受ける人）という関係が存在します。

学校現場では、毎日子どもと接している担任教師が一番子どもの身近にいます。同時に身近にいるからこそ、子どもとの関係が行き詰まって苦しく感じたり、見えなくなったりすることが起きてしまうことは不思議なことではありません。このような時に教師にとって子どもとの関係を再考する上で役立つのが、コンサルテーションです。

学校現場では多くの場合、教師がコンサルテーションを受ける立場、すなわちコンサルティになり、スクールカウンセラーがコンサルタントになります。スクールカウンセラーがコンサルテーションを行う際に心がけることとして、コンサルティ（教師）が子どもを見る見方を偏りのないものに拡げ（浦野, 2001）、教師と子どもの関係を楽しいものに変え

ていく好循環を生み出すよう働きかけること（近藤，1994）が望まれています。そのために
は、コンサルタント（例：スクールカウンセラー）が教師自身の子どもの見方や対応の特徴を
ふまえ、問題解決のスキルが向上していくようにサポートすることで、教師が子どもとよ
りいきいきとした関係を築いていくことができるようにしたいものです。

　さらに、その地域、その学校ゆえにその子どもが引き起こさざるをえない不適応状況が
あります。地域の文化、学校風土と教師との関係をふまえることで、スクールカウンセラ
ーは適切な援助をすることができます。そのためにも、より慎重に、状況把握に十分な時
間をかけ、さまざまな情報について、質を吟味し、客観的事実を確認し、当の教師の視点
から見たバイアスを勘案しながら全体状況を公平に見通す目が必要となります。

(3) コーディネーション

　コーディネーションとは、学校内外の人材の協力を仰ぎ、各自の機能と役割がいかされ
るように、またチームとして問題解決にあたることができるように全体を調節することを
指します。学校内でミドルリーダーとしてこのような任務を行う人は、管理職や主幹、学
年主任、生徒指導主任です。また発達障害など障害のある生徒のための**特別支援教育コー
ディネーター**（p.61, 62参照）も、その役割を担い推進することが求められます。

(4) ケース会議

　ケース会議とは、「事例検討会」や「ケースカンファレンス」とも言われ、解決すべき
問題や課題のある事例を個別に検討することによって対応策を考える方法です。

　学校現場では、生徒指導主事、**教育相談コーディネーター**、**特別支援教育コーディネー
ター**、養護教諭、SC、SSW などがコーディネーターとなり、学年主任や関係する校務分
掌主任などを加えてケース会議を行います（文部科学省，2022，p.92）。ケース会議は課題の
ある児童生徒の早期発見や困難な課題への対応を目的として行われ、アセスメント（第3
章参照）に基づいて対象となる子どもの全体像をよく理解した上で**個別の支援計画**が検討
されます。その上で、チームとしてどのように支援するかが具体的に検討されます。また
ケース会議は、継続的な支援のために、定期的に開催されます。特別な支援を必要とする
子ども（**特別支援教育**の対象となる児童生徒）については特別支援教育コーディネーターを中
心に、「**個別の教育支援計画**」と「**個別の指導計画**」が作成されます（第6章コラム4参照）。

(5) 社会資源（ソーシャルリソース）

　コミュニティ（学校）で活用できるすべてのものを社会資源といいます。それは、子ど
もの日常生活や社会生活を発展させるために必要な資源です。たとえば担任教師や家族ば
かりでなく、やさしく話を聴いてくれる親戚のおじさん、声をかけてくれる学校主事や養
護教諭なども含まれます。とくに養護教諭は学校内で子どもにとって「安心できる場所」

を提供し、子どもたちの声に耳を傾ける機会をもちやすい社会資源と考えられます（森岡，2012）。

（6）教職員間の同僚性

教職員間の同僚性とは、教科指導や生徒指導など、教員間の学びあいや支えあい、つまり学びの共同体としての学校の機能を指します。

生徒指導提要（文部科学省，2022）では、教職員間の同僚性の説明のなかで、管理職を中心にミドルリーダー（トップダウンではなくコーディネーターの役割を果たす司令塔）が機能するような体制をすすめています。どんな問題でも全体に投げかけて同僚の教職間で継続的な振り返り（リフレクション）を大切にすることで、教師自身の特性を自覚した上で他者との協働が可能になります。

田中（2008）は子ども理解を深めることを軸に、教師同士の支えあう関係を強めていく、「子ども理解のカンファレンス」を提唱しています。それは、同僚教師同士が、関わる子どもについて一緒に考え、悩みを吐露できる安全感と安心感を体験できる構造的な場です。また、田中（2008）は、学校内のカンファレンスでは、子どもの思いを一緒に考えていくために、医療従事者あるいは他の専門家たちの意見を聞いてみる、教職員同士が情報を共有するという視点が重要であろうと述べています。そこには、安易に専門家に子どもに関する解決策を丸投げしたり、意見を鵜呑みにするのではなく、教師みずからが主体的に「子どもとつながる」ための場であることが求められています。

子どものためのカンファレンスでは、子どもの詳細な観察をもとに子どもの側に立った見方となるようにします。一方で教師の困り感から発せられる負の感情の表現を認める雰囲気を作ることが重要です。そうすることで、無理にひとりで抱え込んだりネガティブな感情が澱のようにたまってしまうことを防ぎます。また難しい子どもであればあるほど、子ども理解や対応の仕方が一致しないことも多いので、答えを押しつけず時間をかけることが必要です。さらにそれぞれの教師の個性を考慮し、できそうなことから着手していくように配慮します。ここで教師に求められるのは、子どもの問題行動は「精一杯の自己表現なのだ」という受け止め方です。単なる行動変容ではなく、まずはそういう行動を取らざるをえない子どもの背景や子どもの内面理解を進め、教師と子どもとのあいだの「わかりあっていく」という相互理解のプロセスを重視するようにします。そうすることで、子どもたち自身が生きる主体としての力を身につけていくことができるようになります。

ワーク２−１　　連携のコツ

学校内で立場が異なる複数の専門家同士が、気になる子どもの情報を共有し連携し、協力しあうことは、今では浸透しつつあります。しかし、一口にコラボレーションといっても、立場や専門性が異なると互いの意見を理解することが困難になり、生徒理解も難しくなり、援助方法が定

まらないこともあります。以下の事例を読み、あなただったらどのように対応するか、考えてみましょう。

　小学2年生のけんじ君は、宿題をしょっちゅう忘れてやってこないという学習態度がみられます。1年生の時からそのような態度がみられ、担任の先生は厳しく指導していますが、なかなかけんじ君の学習態度は改まりません。担任教師は、「怠けている」「すぐうそをつく」とけんじ君の性格要因と結びつけて理解していました。養護教師も担任からけんじ君の話を聞いていましたが、とくに「なぜそうなるのか？」というような背景まで考えずにいました。ところが、けんじ君がここのところ学級から逃げるようにしてしょっちゅう保健室に来るようになったので、養護教師は学校医に相談してみました。学校医はけんじ君を診察し、母親と面談を行った結果、「ADHDの疑いがありますので、本人の怠けによるものではなく、宿題の与え方、学習の進め方に工夫をお願いします」と担任の先生にけんじ君の理解と指導方法について言いました。特別支援コーディネーターが学校医から依頼を受けて担任教師のコンサルテーションを行いました。担任教師から「まさか先生までけんじ君が宿題忘れるのをADHDのせいにはしないでしょう？」と言われた時、特別支援コーディネーターはなんと言えばよいでしょうか？　次の3つの例を参考にして考えてみましょう。

応答例1：「何をおっしゃるんですか？　学校医が診断した通りADHD以外に考えられませんよ！」
応答例2：「先生はこのお子さんのどんなところをみて怠けていると思われているのか、ほかにも具体例があれば教えてくださいませんか？」
応答例3：「たしかに、担任の先生が毎日けんじ君と顔をつきあわせていますし、先生が一番よくご存知ですよね。」

　あなたが特別支援コーディネーターだとしたら、どの応答例を選びますか。その理由も記述してください。

※解説はダウンロード🖥

■■ 3. ま と め ■

　教育相談では、「子どもをどのように変えたらよいか」とすぐに個人の問題に焦点づけて考えるのではなく、「この症状や問題行動は本人にとってどういう意味があるのか？」「本人はどのように感じ、どう理解しているのか？」「まわりに何を訴え、何を問題提起しているのか？」など、環境との相互作用として理解し対応を考えます。たとえば学級風土や友人関係、教師との関係など、その子どもの全体的な発達・成長を考えそのなかに意味づけるようにします。

【引用・参考文献】

石隈利紀・田村節子（2003）．石隈・田村式援助シートによるチーム援助入門――学校心理学・実践編――　図書文化社

近藤　邦夫（1994）．教師と子どもの関係づくり――学校の臨床心理学――　東京大学出版会

小林　朋子（2009）．子どもの問題を解決するための教師へのコンサルテーションに関する研究　ナカニシヤ出版

文部科学省（2010）．生徒指導提要

文部科学省（2015）．チームとしての学校の在り方と今後の改善方策について（答申）

文部科学省（2022）．生徒指導提要

森岡　正芳（編）（2012）．カウンセリングと教育相談――具体事例を通して理解する――　あいり出版

尾崎　新（編）（1999）．「ゆらぐ」ことのできる力――ゆらぎと社会福祉実践――　誠信書房

田中　孝彦（2008）．臨床教育学シリーズ2　現代の発達援助実践と教師像　群青社

浦野　裕司（2001）．学級の荒れへの支援の在り方に関する事例研究――TTによる指導体制とコンサルテーションによる教師と子どものこじれた関係の改善　教育心理学研究, *49(1)*, 112-122.

山本　和郎（1986）．コミュニティ心理学――地域臨床の理論と実践　東京大学出版会

3

児童生徒理解のための
アセスメント

> 本章では、教師として理解しておきたいアセスメントの知識について紹介します。子どもの発達を理解する際、個人の発達だけではなく、その子どもが社会的、文化的にどのような影響を受けているかをみる視点が重要です。さらに発達理論をベースとした諸検査により、教師は主観や経験則から子どもを理解するだけでなく、得られたデータに根拠を求めながら子どもを理解することが可能となります。

■■ 1. 児童生徒支援に必要とされるアセスメントの観点

（1）チームでの支援プロセスの第一歩としてのアセスメント

　困難を抱える児童生徒にチームで関わり支援するプロセスは、図 3-1 のように、児童生徒一人ひとりの状態を、的確にアセスメントすることから始まります。「アセスメント」は日本語で「査定」と訳されている言葉です。何か課題を抱えている可能性があり早期に課題を発見して支援につなげる必要がありそうな、または現に困難な問題を抱えている、あるいは危機状況にあるような児童生徒がいた場合、当該児童生徒に関してさまざまな情報を集めて分析し、課題や問題を明確にしてその形成のプロセスについて仮説を立て、程度・緊急性などを評価することがアセスメントです。アセスメントの結果に基づいて、**個別の支援計画**を立てた上で、どのようなメンバーで、いつ、どんな対応をするかという方向性を定め、具体的な**チーム支援計画**を作成することになります。学校でアセスメントが必要な項目は、表 3-1 に示したように、多岐にわたります。それらを多角的に検討し、情報を統合して児童生徒を理解することが、より効果的な対応を考える上で必要です。

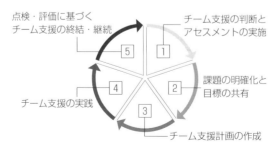

図 3-1　チーム支援のプロセス (生徒指導提要 2022，p.90 をもとに作成)

表3-1　学校内で行われるアセスメント項目の一例（小林ほか，2007をもとに作成）

・問題（主訴）困っていること、当面の問題（子ども本人にとって／保護者にとって）
・目標・ニーズ
　　長期的な目標・ニーズ、当面の目標（子どもの考え／保護者の考え）
・問題状況の把握とこれまでの対処・問題が起こる頻度、程度など
・原因についての認識
・相談歴
・問題の経過と現状の把握：状況と周囲の対応も含めて
　　きっかけ
　　子どもの行動面：ふるまい、対人関係、したくないことへの取り組みの程度、
　　　したくないことを我慢する程度（過去／現在）
　　子どもの感情面：怒り・不安・緊張・喜びなど感情表出の程度（過去／現在）
　　子どもの認知面：自分・他者・環境に対する認知（過去／現在）
　　子どもの学力・能力面：学習活動、認知機能、知的発達水準（過去／現在）
　　心理機能・精神疾患
・人間関係
　　親子関係：良好な関係の程度、親との離別や養育者の交代、死別体験、親や家
　　　族の心身疾患／精神疾患、不適切な養育（拒否／暴力など）の有無
　　教師関係：肯定的注目／否定的注目の頻度
　　友人関係：良好な関係の程度、仲間外れ／拒否／攻撃／受身などの程度
・身体状況
　　健康状態、障害／慢性疾患／入院経験／大きな病気の有無と程度
・家族環境
・教室環境　他の子どもの認識／受け入れの程度

(2) 生物・心理・社会モデルによるアセスメント

　心理学、医学、社会福祉などの分野で、患者や被援助者の状態をさまざまな側面から正しくとらえるために用いられている観点が、生物・心理・社会モデル（Bio-Psycho-Social Model：BPSモデル）で、これは児童生徒理解にあたっても有益です。学校においては表3-2のような着眼点があります。東京都教育委員会（2019）は、このモデルに基づいて児童生徒のアセスメントを記録し支援に活かすための「登校支援シート」を作成しています。これをもとに作成した「児童生徒アセスメントシート」を利用して、以下のワークをしてみましょう。

表3-2　学校における BPS モデルの着眼点

生物学的観点 （身体・健康面）	睡眠、食事、運動、疾患、体調不良、特別な教育的ニーズ　など
心理学的観点 （心理面）	学力、学習、情緒、社交性、集団行動、自己有用感、自己肯定感、関心、意欲、過去の経験　など
社会的観点 （社会・環境面）	児童・生徒間の関係、教職員との関係、学校生活、家族関係、家族背景、地域での人間関係　など

　1ヶ月前に転校してきた小学校5年生のかずお君について、担任の先生が気づいた点を以下のようにメモしました。「児童生徒アセスメントシート」（ダウンロード 🖥）を使って、次の①〜㉔のメモの記載がB（身体・健康面）、P（心理面）、S（社会・環境面）のどこに入るか各欄に言葉で記入してみましょう。良さ・長所にあたることはシートの右側の欄に記入しましょう。

　①朝なかなか起きられない　②国語の授業が好き　③計算が苦手　④他の児童とトラブルになったことはない　⑤朝食を食べずに登校することがある　⑥自分から図書委員に立候補した　⑦将来は漫画家になりたいと言っている　⑧みんなが校庭で遊んでいるのに1人で教室にいることがある　⑨欠席は1日もないが、たまに遅刻がある。　⑩宿題をきちんと提出する　⑪気持ちを表現するのが苦手　⑫持久走が苦手　⑬よく一緒に行動する友達が1人いる　⑭口頭で伝えたことが伝わっていないことがある　⑮釣りが好きでよく父親と行く　⑯掃除当番をせずに帰ったことが数回ある　⑰絵に書いて説明するのが得意　⑱人前で話をする時ひどく緊張する　⑲苦手な分数も図で示すと理解できた　⑳音読は堂々とできた　㉑体育館や地下街に行くと気分が悪くなることがある　㉒よく教師のそばに来る　㉓時々ぜんそくが起こる　㉔挙手するが指されると答えられないことがよくある

（3）学校でアセスメントをする際の留意点

　このようにさまざまな側面について十分に情報収集することは必要であるものの、それによって当該児童生徒や保護者に過度の負担がかかることは望ましくありません。そこで次のような点に留意しましょう。

①一度に沢山の情報を集めようとしない。

②教師が家庭内のことに立ち入り過ぎないように気をつける。

③学校内で対応するだけでなく、必要に応じて地域の教育相談センターや病院などの外部
　機関も紹介する。

（4）アセスメントの方法

　アセスメントの方法には、観察、面接、検査があります。

　学校生活のなかでは日常的に子どもたちのさまざまな言動を観察することができます。授業中、休み時間、給食や掃除の時間などの場面による違い、一対一で話す時と集団でいる時の違い、などもありますので、異なる場面を観察することでわかることもあります。

　面接をする際には、問題解決に向けて協力したいので、悩んでいること・困っていることなどについて話して欲しいと伝え、できるだけ自由に話してもらいます。話される内容だけでなく、面接中の子どもの態度や話し方、服装などの観察からも情緒面、知的水準など多くの情報が得られます。

　医療機関を受診するとさまざまな検査が行われますが、学校や教育センターでよく使われるのは、知能検査・発達検査や、生活能力・適応行動検査、パーソナリティ検査などの

心理検査です（コラム１参照）。次々と新しい検査が開発され、古くから使われている検査も何度も改訂が重ねられ、より有益なものになっています。複数の検査を組み合わせて行う（テストバッテリーを組む）ことによって、より正確なアセスメントをすることができます。

（5）アセスメントの結果を見る際の視点

アセスメントの結果を見る際は、項目をチェックするだけでなく、次の視点が有用です。
①教師や学校が問題と考えていることは何か。
②問題の原因・要因・背景は何か。
③子ども自身はどのように受け止めているか。解決へのモチベーションはどの程度あるか。
④学校が果たすことのできる役割は何か。
⑤子ども自身がもっている能力のレベルや偏り。
⑥実際に現れている能力のレベルや偏り。もっている能力が十分に発揮されているか。
⑦潜在的な障害の有無。
⑧環境との関係や周囲の利用できるリソースの有無。

■■ 2. 教師によるアセスメントの特徴

学校生活は刻々と変化する複雑な要因が絡みあった場で営まれています。教師は、さまざまな場面での子どもの状態や行動、発言などから、かれらの状況に気づいたり、言葉の背後にある気持ちを想像したり、行動の背景を推察したりして子どもを理解していきます。教師のアセスメントは「観察する」という静的な側面と、みずからが「関わりながら気づき」それを「子どもに対するアプローチ」へとつなげ、それに対する「子どもの反応」をアプローチの結果としてとらえるという、ダイナミック（動的）な連続性のなかで行うという側面があります。したがって教師は、自分の子どものとらえ方やアプローチのしかたをアセスメントすることで、自分のあり方について問いかけつつ、子どもを理解しているのです。たとえば美術の制作時の様子から、子どもの発達、知的な資質、場やもの・情動をコントロールする力、興味関心、身体機能（手先の巧緻性）、段取り力（計画性）、集中力とその時間、うまくいかなかった場合の対処、助けを自分から求められるか、周囲のメンバーとのやりとり（対人関係）、どのような助言や手助けが有効かということを知ることができます。

子どもとのかかわりを通した理解には、子どもを取りまくさまざまな状況や背景を考慮することも必要です。学級の雰囲気、子どもたちの特徴、教師集団、学校のもつ歴史性や特徴、地域社会の状況という「学級風土・学校風土」（伊藤, 2001）は、子どもに大きな影響を与えています。ある教科ではノートをとらず、落ちつきのない子どもが他の教科ではノートをとり積極的に発言するなど、教科が異なるとまったく違った表情を見せる子ども

がいます。また、学年が変わりクラスメイトの顔ぶれが変化したことで落ち着きをなくすなど、周囲の受け止め方や環境により子どもの様子は大きく異なります。したがって、教師は学校内での子どもの様子を観察するだけではなく、家族の構成、家庭での過ごし方、家族との関係、生育史、家族の歴史、地域社会とのつながりや子どもが関係する医療機関・福祉施設・その他の外部機関（教育相談・教育センター・適応指導教室・通級指導学級・警察署［スクールサポーター］等）から得る情報も参照し、子どもの個別的特質を理解することが求められているのです。その際心がけたいのは次のことです（村瀬監修, 2007：永石, 2005）。

（1）子どもの発達段階を考える

　子どもはみずからの外にあるさまざまな刺激や他者とのかかわりから影響を受けながら、日々成長しています。それは母親の胎内にいる時から始まっており、遺伝要因と環境要因の両方の影響を受けて個性が形成されます。認知的能力の発達や情緒面の成熟は、乳児期に養育者とのあいだに築いた愛着関係を基盤に、日々積み上げられていきます。発達のスピードは一人ひとり異なり、同じ年齢だからといって同じ発達段階にあるとは限らないことに注意が必要です。また、ある年齢になったからといって、その前の発達段階の課題達成が不十分な場合、その段階を飛び超えて次の発達段階に進めるわけではなく、まず前の発達段階で到達すべき課題をクリアすることが必要になります。「○年生だからできて当たり前」と考えて年齢相応の思考や行動を求めるだけではなく、もしかしたらその前の発達段階にいるのかもしれないという視点をもって子どもを観察しましょう。

（2）子どもが世界をどのように感じているかを考える

　学校生活のさまざまな場面で、学校以外の場や家庭のなかで子どもが日々何を楽しみとしてどのような人と関わりすごしているのかを、子どもの身になって考えることが求められます。子どもが周囲や自分をどのように感じて受けとめているのかを熟慮します。

（3）潜在的な力や活用できる資源を見出す

　子どもを取りまく状況や関係、子どもに関わる人々のかかわり方を俯瞰し、子どもや家族の肯定的な側面や、活用できる要素を見出すことが大切です。また、今ある現象について3年後、10年後という将来を見据えた長い時間軸のなかでとらえ直すことも必要です。

（4）関わるおとなたちの課題

　子どもに関わる教師同士、保護者等子どもとかかわりのある人と子どもに対する見方の相違を話しあうことが、互いの子ども理解の上で重要です。他者の評価や場の変化による子どもの状態の違いはどこから生じるのかを検討することは、みずからの観察の視点やかかわりのあり方、場の状況を省察する大きな契機となります。このためには、他の教師や

保護者と互いに話しあえるような関係づくりが前提となります。流動的で変化してやまない児童生徒の状況をいかにいきいきととらえることができるか、教師の資質と努力が問われています。

■■ 3. ま と め ■

　本章では、子どもを援助するためにはさまざまなアセスメントを行い個別の支援計画を立てた上で、児童生徒一人ひとりのニーズに合わせた支援をチームで行うことが大切であることを学びました。本章のまとめとして、アセスメントシートを使って支援方針を検討するワークに取り組んでみましょう。

■ ワーク3-2　　アセスメントシートを用いたチームでの生徒支援

　あなたは中学2年生の担任をしている社会科教師です。去年はこの学年を教えたことがありません。現在7月。1学期の期末試験を1週間後に控えているところです。

　あなたはクラスのみほさんが学校を休みがちになっているので気になっています。5月までは欠席ゼロでしたが、6月に入ってから1～2週間に1回くらい休むようになりました。欠席する時には必ず朝母親から電話が入り、いつも「頭痛のため欠席」と電話を受けた事務職員から理由が報告されるので、はじめは、みほさんは頭痛持ちなのだなと思っていました。しかし、7月に入ってからは欠席が続き、今日で3日連続の欠席になっており、もしかしたら不登校になっているのではないかと心配になってきました。中1の時の担任の先生に少し話をしたところ、「あんな真面目な良い子が不登校になるなんてことはないのではないか」と言われましたが、このまま登校してくるのを待っていて良いのか悩んでいます。昨日と今日、午後みほさんの家に電話をしてみましたが、母親はフルタイムの仕事をしていて、いつも家にいないこともあって、電話には誰も出ませんでした。

　みほさんは吹奏楽部に所属しています。小学校の時から仲良しのみな子さんと一緒に入部しました。吹奏楽部は伝統があり、これまでに全国大会にも何度か出場しています。現在も秋の全国大会出場を視野に入れて、夏休みにある地区大会に向けて練習しているところです。また、みほさんは図書委員会にも所属しています。図書担当の先生は非常に熱心ですが、細かく管理的な人です。図書室の利用率を高められるかどうかは、図書委員の努力次第だと言っています。みほさんは委員会活動に真面目に取り組んでいるので、この先生から秋になったら3年生から委員長を引き継いでほしいと言われています。みほさんは勉強も真面目にやっており、成績は良かったのですが、休みがちになり勉強が遅れがちになっています。学級は体育祭などの行事で皆で協力して取り組み、生徒同士の関係も良く明るい雰囲気です。みほさんは体育だけは苦手で、とくに水泳が苦手です。兄弟姉妹はおらず、母親と2人暮らしの様子です。父親とは別居中なのか単身赴任なのかは不明です。

　「児童生徒アセスメントシート」（ワーク3-1と同じシート）（ダウンロード🖳）を活用して、みほさんをどのように理解し、誰がどのようにみほさんを援助し、そのために誰と誰とがどのように協

力しあい連携することが必要か考えてみましょう。

　またシートを記入したら、以下の３点についてディスカッションしてみましょう。

　　①不登校になりかけている要因としてはどんな可能性がありますか？

　　②あなたが学級担任だとしたらどのように関わりますか？

　　③これからの連携も含めた援助方針

‖ 推 薦 図 書

杉原　一昭ほか（編）（2006）．発達臨床教育相談マニュアル──アセスメントと支援の実際──
川島書店：各心理検査について、初心者にもわかりやすく書いてあります。

【引用・参考文献】

Erikson, E. H.（1980）. *Identity and the Life Cycle.* W. W. Norton.（エリクソン, E. H. 西平 直・中島 由恵（訳）（2011）．アイデンティティとライフサイクル　誠信書房）

伊藤　亜矢子（2001）．学校風土とスクールカウンセリング　臨床心理学, *1*（2），153-159

熊上　崇（2015）．発達障害のある触法少年の心理・発達アセスメント　明石書店

小林　正幸（編）内山　喜久雄（監修）（1999）．実践入門カウンセリングシリーズ2　実践入門教育カウンセリング──学校で生かすカウンセリングの理論と技法　川島書店

宮前　理（編）（2014）．カウンセリングを教育にいかす　八千代出版

文部科学省（2022）．生徒指導提要

永石　晃（2006）．重複聴覚障害をかかえる児童・青年期の人々とその家族への支援──子どもと家族への教育的・心理的支援の実際と展開──　大正大学博士課程論文

仲田　洋子（1999）．教育カウンセリングのすすめ方　小林　正幸（編）実践入門カウンセリングシリーズ2　実践入門教育カウンセリング──学校で生かすカウンセリングの理論と技法（pp. 52-59）川島書店

奥野　誠一（2011）．個別支援のための総合的なアセスメント　小林　正幸・奥野　誠一（編）ソーシャルスキルの視点から見た学校カウンセリング（pp. 32-34）ナカニシヤ出版

齋藤　ユリ（2005）．学校心理臨床と集団描画療法　臨床描画研究, *20*，56-72

酒井　朗（2014）．教育臨床社会学の可能性　勁草書房

佐藤　隆一・廣川　進・藤川　浩（編）村瀬　嘉代子（監修）（2007）．統合的心理臨床への招待　ミネルヴァ書房

清水　貴裕（2021）．学校不適応　黒田　祐二（編）櫻井　茂男（監修）実践につながる教育心理学　改訂版（pp. 89-206）　北樹出版

特定非営利活動法人アスペ・エルデの会（2013）．厚生労働省　平成24年度障害者総合福祉推進事業　報告書「発達障害児のアセスメントツールの効果的使用とその研修について」

東京都教育委員会（2019）．【教職員向け】児童・生徒を支援するためのガイドブック https://www.kyoiku.metro.tokyo.lg.jp/school/content/guidebook.html

東京都教育庁指導部（2022）．「生徒指導提要（令和4年12月）」のポイント（基礎編）https://www.kyoiku.metro.tokyo.lg.jp/school/content/files/leaflet_seitoshidouteiyou/point_kiso.pdf

Column 1. 知能検査を学習指導に活かす

　知能検査は、知的な操作能力や認知的な情報処理能力に焦点を当てた心理検査です。一対一で行う個別式と、多数に対して同時に実施する集団式の検査がありますが、個別式検査では、個人の知能の特徴を明確にして、個別に対応していくための方法を探ることができます。よく使用されている個別式知能検査には、ビネー式、ウェクスラー式、K-ABC などがあります。検査からは単に IQ がわかるだけではなく、教師による日々の学習指導にも役立つ情報が得られますので、各知能検査の特徴を知っておくと良いでしょう。

ビネー式知能検査　現在、田中ビネーVが使用されています。2歳から成人まで使用できます。13歳までは IQ を、精神年齢（何歳くらいの知的能力か）÷生活年齢（実際の年齢）× 100 で算出し、要素に分解せずに一般知能を測定します。

ウェクスラー式知能検査　現在、幼児用（2歳6ヵ月～7歳3ヵ月）は WPPSI-Ⅲ、児童用（5歳から16歳11ヵ月）は WISC-V、成人用は WAIS-Ⅳ等が使用されています。これらウェクスラー式の特徴は、全検査 IQ だけでなく、下位検査群からさまざまな指標得点を算出することができることです。児童用の WISC-V には5つの指標があります。言語理解指標、視空間指標、流動性推理指標、ワーキングメモリー指標、処理速度指標です。指標間の得点の差（ディスクレパンシー）をみることで、その子どもの能力の高い部分と低い部分を把握することができ、支援の手がかりを得ることができます。例えば、「言語理解」の力が弱い子どもには、「説明や指示は短く簡潔に行う」「指示が正確に伝わったかどうか確認する」こと、「流動性推理」の力が弱い子どもには、「目標を明示し、見通しをもたせる」などの工夫が役立つ可能性があります。ディスクレパンシーが大きい場合には発達の偏り（発達障害）がある可能性があり、苦手な部分を補う特別な支援が求められます（第6章参照）。

日本版 KABC-Ⅱは、2歳6ヵ月から18歳11ヵ月が対象です。この検査の特徴として、脳の処理機能としての認知能力と習得度（認知能力を活用して環境から獲得した知識および読み・書き・算数といった基礎的学力）を分けて測定できるため、認知能力のレベルに合った習得度に到達しているかどうかを見ることができることがあげられます。また、認知尺度のなかに、継次尺度と同時尺度がみられるところも WISC にはない特徴です。継次尺度は、情報をひとつずつ時間軸に沿って順番に処理する能力を表し、これが高い場合は聴覚処理の能力が高い傾向にあり、段階的な指導をすることや、聴覚的あるいは言語的なてがかりを使う（例えば、漢字を語呂合わせで順番に一画ずつ書いて完成させる）ことが効果的です。一方、同時尺度は一度に複数の情報を統合し全体的なまとまりとして処理する能力を表し、これが高い場合は視覚処理の能力が高い傾向にあり、全体から部分に焦点化していく指導をすることや、視覚的あるいは空間的なてがかりを使う（例えば、漢字をへんとつくりに分けてパズルのように組みあわせて作らせる）ことが効果的です。また、非言語性尺度が用意されており、難聴や言語障害がある場合でも妥当なアセスメントが可能です。

Column 2. 子どもの発達理論

　発達心理学者ピアジェは、子どもの認知的発達のプロセスを我が子の詳細な観察とさまざまな実験によって解明しました。また、児童精神分析家であったエリクソンは、乳児期から老年期までの心理社会的発達の8つの段階を示し、各発達段階で達成すべき発達課題とそれが達成できずに陥る心理社会的危機とを示しました。

乳児期（0歳～1歳半）　ピアジェは「感覚運動期」と名づけ、自分の身体感覚を感じることによって

自己と他者は違うということに気づき、自分というものの存在を認識できるようになるとしています。エリクソンは、この時期の発達課題と危機を「信頼」とし、不快で泣いた時に養育者が対応して快の状態にしてくれるということをくり返し体験するなかで、SOSを発すれば助けてもらうことができ、この世界は基本的に信頼できるところなのだと感じられることが重要であるとしました。この時期にこの基本的信頼感がしっかり獲得できていないと、成長しても他者を信頼して安定した関係を保つことが難しい愛着障害を引き起こす場合があります。

幼児期（1歳半〜5、6歳） ピアジェが「前操作期」と名づけたこの時期になると象徴機能が発達してことばを使えるようになり、ごっこ遊びもできるようになります。2歳くらいになると「自律性」の獲得が課題となります。人生最初のしつけであるトイレットトレーニングを通して、自分で自分をコントロールできるという感覚を身につけていきます。3歳くらいになると、好奇心が高まり何でも「自分でやりたい」と言ったり親の言うことに反抗したりするようになり、親を困らせることも増えます（**第一次反抗期**）が、「自発性」の獲得がこの時期の発達課題であり、反抗することは自我の芽生えの表れであるといえます。この時期に自発的にしたことで厳しく叱られることを繰り返すと、罪悪感が強くなり、自主的に行動することに自信がもてず、人の顔色ばかり見るようになってしまいます。

児童期（5、6歳〜11、12歳） 幼稚園の頃は、ピアジェによると自分から見えている視点しかもてない**自己中心性**から脱却できませんが、小学校に入学する頃には他者はどう見ているかということを想像することができるようになり、自己中心性から脱却します（**脱中心化**）。エリクソンはこの時期の発達課題を「勤勉性」の獲得としています。子どもが生きる社会が広がっていくことで、他者と比較するようになります。さらに、学級で集団としてまとまり、本格的な学習が始まります。こつこつと勤勉に学習することが求められる一方で、それをうまく達成できないと他者と比較して劣等感をもつようになります。またこの時期の特徴として、同性の親密な仲間集団を形成するようになることや、自己を形成するにあたり親や教師といった周囲のおとなを理想的な人物として同一化し、自分も同じようにふるまったり考えたりするようになることがあげられます。

思春期・青年期（11、12歳〜） 身体的には**第二次性徴**が始まり、身体の成熟に伴い異性への関心と性衝動の高まりが経験されます。心身の状態の急激な変化に戸惑い、自意識が高まります。自己を客観視することで、他者からの評価を気にするようになります。精神的には親からの自立の一歩として**第二次反抗期**を迎えます。そして孤独を癒してくれる存在として、より親密で深い友人関係を求めるようになります。抽象的な思考が可能になり、それに伴い事実とは異なる可能性について考えることや、複数の可能性を順序だてて検討することが可能になります。さらに時間的な展望を持ち自分の行動を決定することができるようになります。

　高校生になると、心理的に動揺しやすく、楽観と悲観、希望と絶望という相反する感情が同居するような経験をします。「自分とは何かを」自問自答し、明確な人生観・価値観・世界観をもち、自己の主体性を確立するようになります。それをアイデンティティ（自我同一性）の確立といいます。エリクソンはこの時期の発達課題を**アイデンティティの確立　対　アイデンティティの拡散**としています。また、友人関係では「群れ志向」を脱し、考え方、生き方が合う少数の友だちとの親密な関係が築かれるようになります。一方、他者からの影響を受けるのみならず、もう一度自分らしさをまとめあげるプロセスをたどります。自分について「斉一性」と「連続性」の感覚をもてること、すなわち自分が他者と異なる存在であり、かつ過去・現在・未来と時を経ても連続した自分であるという感覚をもてること、しかもそれが「他者からもそのように思われている」、すなわち社会的に承認されている感覚をもつことが大切なのです（Erikson, 1980）。

hapter

4

カウンセリングの基本を学ぶ

> 　学校で浮かない顔をしている子どもたちも、笑顔を見せている子どもたちも、その裏にいろいろな悩みや不安を抱えているのかもしれません。教師は日頃から児童生徒の様子をよく観察して、SOS のサインを見逃さず、気になる児童生徒にはいつも以上に声をかけることが大切ですが、児童生徒の方から気軽に相談しやすい教師であることも大切でしょう。みなさんはこれまでに誰かに相談をしたことがあるでしょうか。相談しやすいのはどんな人でしょうか。また相談された時、どのように対応してあげることがその人のためになるのでしょうか。この章では相談のプロである**カウンセラー**が、どのようなことを大切にして相談に乗っているのかを学んでいきます。

■■ 1. カウンセリングとは何か ■

　カウンセリングというと、「カウンセラーが相談者の悩みを聞いて、問題解決のためのアドバイスを与える」と思っている人がいるかもしれません。しかし、カウンセリングには背景にある理論や、使用される技法がいろいろあるなかで、多くのカウンセラーが重要と考えているのは、カウンセラーと相談者（クライエント）とのあいだの**人間関係の質**です。カウンセリングで目指しているのは、その時に相談された悩み事や問題を、アドバイスによって解決するというよりはむしろ、その後その相談者が何か悩んだり問題にぶつかったりした場合に、自分でより良い解決方法を見つけることができるような力をつけることや、自分はどのような人間か（何が好きで、何が得意で、どんな価値観をもっているのか等）を知り、よりその人らしい生き方ができるようになること、またそれまで発揮されていなかった、あるいは本人も気づいていなかった能力に気づき、活かすことができるようになることです。つまりカウンセリングは、相談者に答えを与えれば良いというものではなく、相談者本人が自分自身を見つめ、進みたい方向を自分自身で選択し、自分の足で歩んでいくことができるように援助するものなのです。

　教師から見ると、カウンセリングは「甘い」と思われることがあるようです。相談者の言うことを受け入れて甘やかすばかりだと誤解されているからかもしれません。しかし、むしろカウンセリングは、自分自身と向きあわなければならず、厳しいものです。カウンセラーはその厳しいプロセスに、相談者を支え、励ましながら、同行するのです。なかなか進まないプロセスにつきあうには辛抱が必要です。「こうしなさい」と指示してしまえば、カウンセラーも楽だし、相談者も「ではそうします」と答えればいいので簡単です。でも、それでは本当にその人が言われた通りできるか、またそれが本当にその人にとって良いことなのか、疑問が残ります。カウンセラーは、相談者が安心してじっくりと自分自身に向きあい、本当に自分

が向かうべき方向を見定めて、自分の意志で進めるようにサポートするよう努めるのです。

■■ 2. カウンセリングにおける人間関係の質 ■

前節で、カウンセリングではカウンセラーと相談者のあいだの「人間関係の質」を大切にすると述べましたが、どんな「質」が求められるのかを次のワークを通して考えてみましょう。

■■ ワーク４−１　　関わりあう聞き方

（２種類の聞き方の説明とふりかえりシートはダウンロード🖥）

(1) ２人組みになって、話し手と聞き手を決めます。

(2) 話し手は、３分間ほど、自分の話をしてください。「楽しかったこと」でも良いし、年度のはじめなら「今年やってみたいこと」「今年行ってみたいところ」なども良いでしょう。聞き手はまずかかわりの少ない聞き方で聞きます。インストラクターは開始と終わりの合図をします（全体の様子を見て話が続かないようなら早めに終わりにします）。

(3) 次に、同じ話し手が、同じ話をします。聞き手は関わりあう聞き方で聞きます。

(4) その後、役割を交代し、同じように２種類の聞き方で聞きます。

(5) 終了後、話し手として感じたこと、聞き手として感じたことをふりかえりシートに記入し、何人かに発表してもらいます。

■■ ワーク４−２　　目隠し歩き

（ふりかえりシートと詳しい解説はダウンロード🖥）

ペアを組んで屋外に出ます。ひとりが目をつぶり、もうひとりがサポートして自由に歩いてください。目をつぶっている人はとても怖いので、しっかりと肩などを支えてあげましょう。その時言葉を使ってはいけません。あらかじめ合図を決めたりしてもいけません。無言で支えて歩いてください。安全には十分配慮します。慣れてきたら樹木やベンチなどに触れさせてみたり、室内に入ってみたりなど変化を感じさせてあげると良いでしょう。15分歩いたら交代してください。

以上２つのワークを通してカウンセリングにおける人間関係の質についてどのようなことがわかったでしょうか。積極的に相手に関わろうとする姿勢、相手の言葉の背後にあるもの（置かれている環境やこれまでの歴史、考え方など）を考えながら聴く姿勢、相手からの信頼に応えようとする姿勢、相手の立場に立って考えようとする姿勢、非言語的なメッセージ（表情、身体の緊張、足の進み方等）から感情を知って相手を思いやる姿勢……。このような姿勢が相談者に安心感を与え、じっくりと自分を見つめ、率直に自分の考えていることを表現するよう促すのです。このような姿勢で相手の話を聴くことを**傾聴**といいます。耳を傾けて積極的に聴くということです。「きく」という言葉も、この場合、「聞く」ではなく「聴く」とした方が適切です。「耳」と「目」と「心」から成るこの漢字は、傾聴ということをよ

く表していますので、以下ではただ音が耳に入るという意味の「聞く」と区別して使います。

■■ 3. 援助者に求められる基本的な態度 ■

　このようなカウンセラーの「傾聴」の姿勢を、1940 年代に**クライエント中心療法**を提唱したアメリカのカウンセリング心理学者、**カール・ロジャーズ**（Rogers, C. R.）は、1957 年の有名な論文のなかで、カウンセラーに必要な基本的態度を次の 3 つにまとめました。

(1) 自 己 一 致
　透明性、**純粋性**、**統合性**、**誠実性**、**真実性**などとも言い換えることができます。ロジャーズは、カウンセラーは透明であれと言っています。相談に訪れた人、クライエントの前で純粋で偽りのない姿でいることが大切です。関係のなかで真実であり、専門家としての仮面をつけていない方が良い、自分の体験していることをよく意識し、その体験のままに関係のなかにいることができ、適切ならば、その体験をクライエントに伝えることができると良い、と言っています。そうすることで、クライエント自身が率直に自分を見つめ、それを表現しようとする姿勢を促進することができます。

(2) 無条件の肯定的配慮
　無条件の積極的関心、**尊重**、**受容**などと言い換えることができます。クライエントをひとりの独立した人間として尊重し、その人なりの感情をもち、体験をしていることを大切にします。ほとんどの親は、子どもが生まれた時、ただ生まれてきてくれたということだけで、無条件にかわいいと思うでしょう。しかし成長するにつれて、自分の言うことを聞く時は良い子、成績が良いから良い子……といつの間にか条件つきの愛情に変わってしまうことがあります。親にそのつもりはなくても、子どもはそのように受け取って、親の基準に合わせなければ愛してもらえないと思うようになることもあります。自分自身について「こうでなくてはならない」「こういうところが受け入れられない」と思っているクライエントの**ありのまま**の姿を、カウンセラーが無条件に受け入れた時、クライエントも自分自身のありのままの姿を受け入れられるようになっていきます。

(3) 共感的理解
　クライエントの内面を内側から敏感に、正確に理解することを共感的理解といいます。クライエントの話を、ただ言葉通り理解するということではなく、話しているその人の物の見方、感じ方、価値観、好み、などを理解した上で、その人になったようなつもりでその人の体験していることをともに感じ、その人自身にとっての意味を理解しようとすることです。たとえば「目隠し歩き」のワークでは、目隠しする体験をする前にガイドする役

割をした人は、目隠しして歩くことがそんなに怖いとは想像できなかったかもしれません。あるいは、スニーカーを履いて目隠しで歩いた人は、ハイヒールを履いて目隠しで歩くことの怖さに気づかないかもしれません。自分なら怖くないと思うことでも、ペアを組んだ相手の人にとってはとても怖いことかもしれません。以前に階段を踏み外して大怪我をしたことがある人は、目隠しで階段を下りるのはとても怖いでしょう。

　また、共感的理解と間違いやすい概念に「同情」があります。同情とは「相手の辛さ・苦しさといったネガティブな状況に対して感じる何らかの価値判断を含んだ感情」のことです。「共感」には価値判断は入らず、相手の感じていることをそのまま感じ、理解しようとします。たとえば「不運に見舞われてお気の毒に」と思うのが同情ですが、共感とは「不運に見舞われたなかで、その人がどんな気持ちでいるのか、どんな風に乗り越えようとしているのか」を理解しようとすることです。人はそれぞれ違いますので、いくら共感しようとしても、完全に本人と同じように感じることは難しいといえます。ロジャーズは共感的に理解しようと努めること、簡単にわかったつもりになるのではなく、より正確に理解しようと努める、そのプロセスが重要であるとしています。またセラピストがわかろうという姿勢でいるということをクライエントが感じられることが非常に大切であるとしています。セラピストがわかろうとしてくれると、クライエント自身も、より正確に自分自身のことを理解してセラピストに伝えようとします。それによって、クライエント自身の自己理解が進むのです。また自分を理解しようとしてくれる人がいて、孤独ではないと感じることができるのです。

　以上のようなクライエント中心的なカウンセラーの態度を学ぶ上で、誤解しないように注意が必要なのは、「行為を是認すること」と受容や共感とは違うということです。たとえば「あいつを殴るしかなかったんです」とクライエントが言ったとします。それに対して受容や共感を示すといっても、「そうですよね。殴るしかなかったですね」と暴力を是認するということではなく、「殴るしかないと思い詰めてしまうほど、強い憎しみを感じていて、暴力を抑えられなかったのですね」と相手の気持ちに共感した上で、殴るというのは決して認められない行為だということをきちんと伝え、憎しみの気持ちにより適切に対処するにはどうしたら良いかをともに考えていきましょうと伝えることが、真に相手を受容するということなのです。

■■■ ワーク4−3　　話す時の視線・立ち位置

(1)　2人組みになりAさんとBさん役を決めます。
(2)　Aさんが立って、座っているBさんに対して「あれはどうなっていますか」と言います。Bさんはどんな感じがしたでしょうか。
(3)　今度は2人とも座ったままでAさんがBさんに同じことを言います。Bさんはどのような感じがしたでしょうか。

(4) 役割を交代して同じことをしてみましょう。

(5) 視線や立ち位置の違いによる感じ方の違いについて話しあいましょう。

■ ワーク4-4　非言語的メッセージ　3通りの「すてきですよ」

(1) 2人組みになりAさんとBさん役を決めます。

(2) AさんはBさんに対して次の3通りで「すてきですよ」と伝えます。

　　1回目：語尾を伸ばし、笑顔で「すてきですよ〜」と伝えます。

　　2回目：語尾を強めて、笑顔で「すてきですよ！」と伝えます。

　　3回目：語尾を強めて怒った顔で「すてきですよ！」と伝えます。

(3) Bさんはどれがもっとも不快だったかAさんに伝えます。

(4) 役割を交代して、(2)〜(3)を行いましょう。

(5) 相手に気持ち良く受け取ってもらうにはどのような注意が必要か考えてみましょう。

■ ワーク4-5　人の話をよく聴き伝える

(1) 2人組みになって、話し手と聴き手を決めます。

(2) 話し手は自己紹介をします。聴き手はよく聴いてください（メモは取りません）。

(3) 合図で話し手と聴き手を交代して、(2)を行います。

(4) 4人（または6人）組みになり相手から聴いたことをみんなに正確に伝えます（他己紹介）。

(5) 相手はみんなに自分が話した通りに伝えてくれたでしょうか。自分のことを理解してくれたでしょうか。お互いに感想を伝えましょう。

■■ 4.5つの返答の仕方 ■

　ここまでで、相談にのる時の聴き手の姿勢や態度の重要性について理解できたことと思います。言葉だけでなく、非言語的な面の影響も大きいことが実感できたと思いますが、日頃何気なく返している言葉での返答の仕方にも、いろいろな形があり、どういう形で返答するかによって相談の進み方にも違いが生じます。ここでは返答の仕方を大きく5つに分類して解説します。自分の返答の仕方の傾向を知り、それぞれの返答の仕方の与える影響をわかった上で、効果的な返答をするように工夫しましょう。

■ ワーク4-6　5つの返答の仕方

　ワークシートに相談者のセリフと、それに対してまずどのように返答するか、5つの選択肢が用意されています（ワークシートはダウンロード🖥）。

(1) 5つの返答の仕方についての解説を聞く前に、普段のあなたならこう返答するだろうと思う返答の番号に○をつけてください。あまり考えすぎず、すぐに頭に浮かんだものに○をしましょう。

(2) 次に5つの返答の仕方（E、I、S、P、U）について、表4-1の解説を読みましょう。その後、

５つの返答はそれぞれどの返答の仕方にあてはまるか、分類を（　　）に書き込みましょう。

（3）どの返答の仕方をすることが多いか、自分の傾向を知りましょう。

表 4-1　５つの返答の仕方

E　　Evaluative　評価的返答：例「君がすべきことは……」「それは良くないですね」
訂正的、道徳的態度から生まれます。結果としてアドバイスや忠告を与えることになります。批判する場合だけでなく「それは良いですね」と評価する場合も援助者の価値基準に合っているか合っていないかを示すことになります。話し手が聴き手からの指示に依存するようにならないように注意が必要です。
I　　Interpretative　解釈的返答：例「すると君の問題というのは……」
優位な立場からの分析的態度から生まれます。結果として自分の解釈に相手を直面させることになります。本人が気づいていなかった場合、自己理解を深めることになるかもしれませんが、受け入れがたいと感じさせて防衛的にさせてしまう可能性もあります。
S　　Supportive　支持的返答：例「そんなことない、大丈夫ですよ」
話し手の痛みに対する同情の念から生まれます。結果として話し手の真の感情を否定することになります。多くの聴き手が励ますつもりで使い、それによって話し手が安心できることも多いのですが、「こんなことを心配している自分が馬鹿なのか……」「ここではこんなくだらないことは相談しちゃいけないんだ……」などと感じさせてしまう場合もあるので注意が必要です。
P　　Probing　探索的返答：例「なぜ、いつ、誰が、何を、どのように」
より多くの情報を求める気持ちや疑問から生じます。結果として聴き手が会話をコントロールすることになります。テレビのインタビュー番組でよくみられるように、聴き手が聴きたいことだけを尋ねて、話し手が話したいと思っていることが話せなくなることがないように、話されている文脈に沿った質問をするよう心がけることが大切です。
U　　Understanding　理解的返答：例「そうすると、〜というわけで、〜と感じているのですね」
理解しようとする気持から生まれます。結果として話し手は自分が理解されていることを確認し、自分の言いたいことをより明確にしていく可能性があります。話されたことを要約するなどして正しく理解できているかを確認し、言葉だけでなく声のトーンや表情などから感じ取った話し手の感情を言葉にして本人に伝えてみて、どんな気持ちでいるのかを確認します。断定的に伝えるのではなく、私にはこう伝わりましたが、これで合っていますか？と確認するつもりで返答すると良いでしょう。

■■ 5. 理解的返答のための具体的方法

　前述の５つの返答の仕方はどれが正しい、間違っているというものではなく、効果をわかった上で適宜使っていくことになりますが、このなかでとくに理解的返答を多くするように心がけてみると、話し手は共感的に聴いてもらえていると感じて安心して話せるようになるだけでなく、自分が話したことを聴き手の口からあらためて聴くことにより、話し手の自己理解を深めることにもつながります。何と返答したら良いか困った時にも、それまでに相談者が話したことを要約したり、気持ちを汲み取って返す理解的返答をしたりすると、それを聞いた相談者がさらに話を深めることにつながります。理解的返答には具体的にどのような方法があるか表 4-2 をみていきましょう。

表 4-2　理解的返答のための具体的方法

最小限の励まし	うなずきや、「うん」「ええ」「なるほど」などの相槌など、話し手に、話をしっかり聴いているということ、関心をもっているということを伝えるための姿勢です。これによって話し手は熱心に聞いてもらっていると感じて励まされ、話を続けることができます。
くり返し	話し手が語る内容を、本人が用いた言葉にできるだけ忠実に要点をおさえてくり返すことです。「〜ということですね」「〜という感じなんですね」というような返し方です。無駄のように感じるかもしれませんが、話し手は、話をきちんと正確に理解しながら聴いてもらっていると感じ、安心感や聴き手に対する信頼感を感じることができます。
明確化	話し手の考えがまとまっていなかったり、混乱していたり、思っていることが十分言語化できていなかったりする場合、また遠まわしな表現をした場合などに、話し手が伝えようとしている内容や意味を明確にするために用います。「それは〜ということでしょうか？」「今おっしゃった男性というのは先ほど出てきたＡさんのことですか？」など。聴き手が正確に理解できるだけでなく、話し手自身も本当に伝えたいことに気づくことができます。
言い換え（パラフレーズ）	話し手の基本的なメッセージを短い言葉やわかりやすい言葉で言い換えて表現することです。表現してもらうと、話し手が、伝えたいと思っていたことが伝わったということがわかり、安心できます。また自分の話したことを他人の口からあらためて聞くことにより、自分を客観的に見ることができます。 話し手：「彼はとても良い人で、思慮深く、思いやりもあり、親切だと思います。」 聴き手：「あなたは、彼の人柄をとても評価しているのですね。」
要　約	それまでに話された内容を要約して伝えることです。「まとめて言うと〜ということですか？」「整理してみると〜ということでしょうか？」などで、相談を終える時には必ず入れると良いですが、途中でも適宜入れるとしだいにその後の話が深まっていきます。
感情の反射	話し手の気持ちを推察し、言葉で表現することです。「〜というような気持ちでしょうか」「〜と感じられたかなと思うのですが、いかがですか？」といった返答になります。鏡を見るように、話し手に自分の感情をはっきりと意識させるという効果があります。相手の感情の表現が促進され、相手の内的世界をより深く理解することにもつながります。反射した内容が多少間違っていても、本人が訂正することにより、相互に気づきが生まれますので、間違うことを恐れずに反射してみるように心がけましょう。
開かれた質問（オープン・クエスチョン）	イエス、ノーや一言で答えられる質問（閉じられた質問／クローズド・クエスチョン）ではなく、答え方を、話し手の自由に任せられる形の質問です。話し手にみずから内面を探らせ、聴き手に関心のある領域ではなく、話し手の望む方向に話を進展させる自由を与える質問の仕方です。 「ご両親との関係はうまくいっていますか？」（閉じられた質問） 「ご両親との関係についてもう少し説明していただけますか？」（開かれた質問） 「そのことについてもう少し具体的に話していただけますか？」（開かれた質問） 「そのことをもう少し教えていただけますか？」（開かれた質問） 口の重い話し手や、自主的ではなく誰かに勧められて相談に来た人、また自分の考えを言葉にするのが苦手な話し手は、何をどう話したらよいかわからずに困ってしまうこともあるので、そのような時はまず閉じられた質問から入った方が良い場合もあります。

6. ま と め

　本章では、カウンセリングで大切にされている聴き手の姿勢をさまざまな角度から紹介しました。カウンセリングでは、相談者が安心して自分を見つめることのできる場を提供し、本来もっている力を十分発揮することで自分の力で解決できるようにサポートします。

ワーク4-7　　理解的返答

(1) 3人組みになり、話し手、聴き手、観察者を決めます。話し手は5分間話をします。できるだけ感情を込めて話せるテーマを選びましょう（「最近感動したこと」「悔しかったこと」など）。聴き手は理解的返答を心がけながら話を聴きます。観察者は理解的返答の具体的方法（表4-2）のなかのどれが使われているか、メモをとりながら観察します。

(2) 終了後、観察者は聴き手が理解的返答の具体的方法のなかのどれが何回ぐらい使われていたかを、できるだけ実際のセリフも示しながら伝えます。また話し手は、聴き手のどんな返答が良かったか、わかってもらえた気がしたかどうか、などを聴き手に伝えましょう。

(3) 3人が全役割を体験できるように、役割を交代して行いましょう。

(4) 話し手として理解的返答をしてもらった時どう感じたか、聴き手としての自分の傾向について気づいたこと、などをふり返りましょう。

（このような3人組みでの演習用のふりかえりシートのダウンロードも可🖳）

推 薦 図 書

河合 隼雄 (1998). 河合隼雄のカウンセリング入門──実技指導をとおして── 創元社：四天王寺主催のカウンセリング講座で河合がカウンセリングの実技指導をした際の講演録です。「聴く」ということを大切にするカウンセリングの本質が河合の指導の端々に現れていて、初心者にはもちろん、経験者にもいろいろな気づきを与えてくれます。

諸富 祥彦 (2010). はじめてのカウンセリング入門（下）ほんものの傾聴を学ぶ 誠信書房：本章で説明したロジャーズの理論も含め、「傾聴」の意義や訓練の仕方などが具体的にわかりやすく書かれています。ロジャーズ以外のカウンセリングのアプローチについてもおおまかに紹介されており、カウンセリングとは何かをもう少し詳しく知りたい初心者におすすめの本です。

【引用・参考文献】

Rogers, C. R. (1957). The necessary and sufficients conditions of therapeutic personality change. *Journal of Cansulting Psychology, 21* (2), 95-103. (ロジャーズ, C. R., 伊東博（訳）(2011). セラピーによるパーソナリティ変化の必要にして十分な条件 カーシェンバウム, H.・ヘンダーソン, V. L.（編） 伊東博・村山 正治（監訳）ロジャーズ選集（上）──カウンセラーなら一度は読んでおきたい厳選33論文── (pp. 265-286) 誠信書房

1. コミュニケーションにおけるストロークの働き

交流分析（Transactional Analysis：ＴＡ）では、「その人の存在や価値を認めるための言動や働きかけ」をストロークと定義し、人の心の成長や安定には肯定的ストローク（人からのあたたかい、理解に満ちた親密な働きかけ）が必要であるとしています。

2. 陽性のストロークと陰性のストローク

・陽性のストローク：愛情、承認、報酬　【言葉でほめる・声をかける、微笑む等】

　人との触れあいのなかで陽性のストロークが充足されると幸福で快適な生活を送ることができます。

・陰性のストローク：値引き（相手の人間的価値を軽視したり、その能力を過小評価したりする）【しかる、悪口を言う、無視をする、睨みつける等】

　人との触れあいのなかで陰性のストロークを与えられると不快になります。

交流分析では人との関係について次のように考えます。

①人の心は陽性のストロークを無条件に得ているかぎり安定する。
②人は陽性のストロークが不足してくると陰性のストロークを集め始める。
③人は条件付きのストロークばかり得ていると陰性のストロークを集め始める。
④陰性のストロークを集めることは、陽性のストロークが与えられないかぎり、永久に続く。
⑤ストロークがないことは最大の値引きである。ストロークがないことは、相手の存在を認めないということになり、相手にとっては否定される事よりも肯定感を低下させることがある。

　たとえば、先生にほめられたり、優しい声をかけられたりすることがないさとる君が、先生の注目をひきたくて、わざといたずらをして怒られる場合が②にあたります。先生にいたずらを注意されることがくり返される場合は④にあてはまります。この場合、同じいたずらをした場合は無視をするか軽く注意をして、さとるくんが良い行いをした時にほめたり、日常のかかわりで話しかける（陽性のストロークを与える）ことで、さとる君は心理的に安定していたずらをしなくなるのです。このように考えると、いたずらや悪いことをして陰性のストロークを集めている子どもは、陽性のストロークを多く必要としているといえるでしょう。③は、たとえばテストで100点をとったからほめるというように条件をつけたストロークのことです。条件付きストロークばかり与えられて育った子どもは、常に他人からの評価を気にして自分の存在価値に自信がもてなくなり、自己受容できない子どもになりがちです。また、まじめで、大人しい子どもに声をかける機会が少なくなってしまうと、⑤のストロークがない状態になってしまうので、注意が必要です。教師は子どもとの日常のかかわりでどの子どもにも挨拶や言葉をかける、ほめるといった陽性のストロークを心がけることが大切なのです。

【参考文献】

桂　戴作・杉田　峰康・白井　幸子（1984）．交流分析入門　チーム医療

太湯　好子（2002）．患者の心に寄り添う聞き方・話し方──ケアに生かすコミュニケーション──　メヂカルフレンド社

児童虐待への理解と対応

　事例を読み、あなたが担任ならどうするか考えてみましょう。

　小学5年生のさゆりさんは時々体のあちこちに青あざをつくってきます。本人に聞くと「階段でころんだ」などの答えが返ってきます。本人を名前で呼ぶとびくっと驚いたように身をすくめることがあります。

　連休明け、遅刻が続いていたので、本人に「どうしたの？　生活のリズムが狂っているのではありませんか？」と少し厳しい口調で注意をしました。それにもかかわらず、本人は心ここにあらずという感じでそわそわし、その後話している最中に寝てしまいました。

　さゆりさんの様子からあなたはどのようなことを感じたでしょうか？　虐待の可能性はあるのでしょうか？

　実は子どもが虐待を受けているかどうかをみきわめることはそんなに簡単なことではありません。さゆりさんのように、本当のことを話そうとせずに親をかばったり、自分がそのような立場にあることを恥ずかしく思い、隠そうとするというのも、被虐待児によくみられる傾向なのです。

　本章では、児童虐待について正確な知識を得るとともに、子どもの命を守るためにより的確かつ迅速な対応ができるようになることをねらいとします。

■■■ ワーク5-1　　児童虐待知識チェックリスト

　児童虐待について、あなたはどこまで正確に知っているでしょうか？　次の文を読み、正しいと思えば○をつけ、間違っていると思えば×を記入してください。またその答えの理由を記入してください。

（1）児童虐待を行う「保護者」とは、血のつながっている実の親を指す。（　　　　）

> 理由：

（2）子どものしつけのためというはっきりした理由があれば、なぐったはずみに子どもの体にあざができても、身体的虐待には相当しない。（　　　　）

> 理由：

（3）実の母親と同居中のパートナーによる子どもへの暴力を母親は知りながら放置した。これは、母親がネグレクト（養育の放棄・怠慢）したことになる。（　　　　）

> 理由：

（4）給食をがつがつ食べ他児を押しのけてまでおかわりを何度もする。何日も入浴をせず体臭が強い子どもがいる。家庭に連絡してもその状態が続いている。しかし、単にしつけが行き届いていないだけかもしれないので、学校の先生は児童相談所に通告する必要はない。（　　　　）

理由：

■■ 1. 虐待の定義と分類 ■

　児童虐待の防止等に関する法律（通称　児童虐待防止法）は 2000 年 11 月に施行されました。これ以前にも児童福祉法で通告の義務、立ち入り調査、一時保護、家庭裁判所への申し立

表 5-1　児童虐待防止法における児童虐待の定義（児童虐待防止法令編集委員会，2009：井村・相澤編，2011 をもとに作成）

目　　的 （第 1 条）		この法律は、児童虐待が児童の人権を著しく侵害し、その心身の成長および人格の形成に重大な影響を与えるとともに、わが国における将来の世代の育成にも懸念を及ぼすことに鑑み、児童に対する虐待の防止、児童虐待の禁止、児童虐待の予防及び早期発見その他の児童虐待の防止に関する国及び地方公共団体の責務、児童虐待を受けた児童の保護及び自立の支援のための措置などを定めることにより、児童虐待の防止等に関する施策を促進し、もって児童の権利利益の擁護に資することを目的とする。
児童虐待の定義 （第 2 条）		この法律において、「児童虐待」とは、保護者（親権を行うもの、未成年後見人その他のもので、児童を現に監護するものをいう。以下同じ）が、その監護する児童（18 歳に満たないものをいう）について行う次に掲げる行為をいう。
児童虐待の分類 （第 2 条）	身体的虐待	児童の身体に外傷を生じ、又は生じるおそれのある暴行を加えること。 殴る、蹴る、叩く、投げ落とす、激しく揺さぶる、やけどを負わせる、溺れさせる、首を絞める、縄などにより一室に拘束する　など
	性的虐待	児童にわいせつ行為をすること、又はわいせつな行為をさせること。 こどもへの性的行為、性的行為を見せる、性器を触る又は触らせる、ポルノグラフィの被写体にする　など
	心理的虐待	児童に対する著しい暴言または著しく拒絶的な対応、児童が同居する家庭における配偶者に対する暴力（婚姻の届をだしていないが、事実上婚姻関係と同様の事情にある者を含む）の身体に対する不法な攻撃であって生命または身体に危害を及ぼすもの及びこれに準ずる心身に有害な影響を及ぼす言動をいう。その他の児童に著しい心理的外傷を与える言動を行うこと。 言葉による脅し、無視、きょうだい間での差別的扱い、こどもの目の前で家族に対して暴力をふるう（ドメスティックバイオレンス：DV）、きょうだいに虐待行為をおこなう　など
	ネグレクト （養育の放棄 ・怠慢）	児童の心身の正常な発達を妨げるような著しい減食または長時間の放置、保護者以外の同居人による性的虐待に相当する行為と同様の行為の放置、その他保護者としての監護を著しく怠ること。 家に閉じ込める、食事を与えない、ひどく不潔にする、自動車の中に放置する、重い病気になっても病院に連れて行かない　など
第　3　条		何人も、児童に対し、虐待をしてはならない。

てが盛り込まれていましたが、虐待にあたる内容や発見時の通告義務が周知されておらずあまり有効に行使されませんでした。児童虐待防止法第2条で児童虐待の定義が初めて定められ、身体的虐待、性的虐待、心理的虐待、ネグレクトの4種類とされました。また、父母や児童養護施設の施設長など「保護者」による虐待を定義することで、施設内暴力の抑止力ともしました。

■■ 2. 児童虐待の背景 ■

　子どもを愛していても虐待してしまうことがあります。経済的困窮、親自身が心身の病気をもっている、夫やパートナーとの関係で悩んでいるなどの問題を抱えていると、子どもに気持ちが向かず、はからずもネグレクトに相当する状態になってしまう場合があります。また親自身が幼少期に虐待を受け育っている場合もあります。そのほかにも子育てに情熱を傾けすぎている親の場合、過剰に子どもに干渉してしまったり、自分の考えや価値観を子どもに押しつけすぎてしまう場合もあります。近年、「年齢、能力、学習スタイルなど、保護者が子どもの個性を無視した教育を強制すること、そのような過剰な教育行為が不適切で時に暴力や過度の叱責を伴うこと」は「教育虐待」として取り上げられるようになっています（大西・大西，2021）。障害や気難しさなどの子ども自身の特性や気質や問題により、親にとって子育てしにくい子どももいます。育てるのが難しいのに育児支援が十分でないため、はからずも虐待をしてしまうこともあります。つまり児童虐待は単に親に問題があるから起こるという訳ではなく親と子の相互関係で起こってくる可能性もあるのです。

　一方で子育てをめぐる環境の変化も背景の一因といえるでしょう。かつて子どもは親だけでなく大家族や親戚や地域の大人に見守られ、育てられてきました。現代は核家族化がすすみ、周囲に頼ることができず、孤立している親が多くなっています。また、子どもや子育てをしている親に対する社会の理解が行き届かず、公園で「子どもの声がうるさい」と言われたり、公共機関でベビーカーの使用をとがめられたりするなど孤立化をより一層深めた結果、親がよりストレスを感じやすくなっています。

　このように児童虐待の背景にはさまざまな要因があります。

　虐待のサインや結果だけでステレオタイプな理解や決めつけを行ったりせずに、親の問題、子どもとの関係性の問題、環境や社会の問題など、複数の要因をみて、丁寧に個々のケースに対応していくことが求められます。

■■ 3. 虐待が子どもに及ぼす影響 ■

　虐待が子どもに及ぼす影響は、身体、認知、行動、情緒など多岐にわたります。次にそれぞれへの影響と、その特徴を説明します。

（1）心理的発達への影響

① 安心感、信頼感の欠如

　幼少期に生理的・情緒的要求に安定して応じる養育者がいないと、子どもは基本的な安心感、信頼感を育むことが困難です。たとえば、赤ちゃんが泣くという行為を通して「ミルクがほしい」などの欲求を表現した時、それに応じないことをくり返すと、自分の要求に応じてくれる人がいないことから、泣くことをやめてしまったり自分からミルクを飲まないようになることがあります。結果として、成長面や生命の維持に危機的な状態が起こることがあります。また、度重なるおとなからの暴力や拒否、放置などの結果、周囲や人ひいては自分自身に対する安心感と信頼感の感覚が育たず、その子どもの人生に長期的な影響を及ぼすことがあります。

② 衝動のコントロールの困難さ

　基本的な信頼感が育っていないと、トイレット・トレーニングをはじめとする基本的な生活習慣の獲得に困難がみられます。また、トイレット・トレーニングの時期になると、子どもは自分の欲求を時には我慢して、トイレの習慣を身につけ、さらなるしつけのなかで社会のルールを内在化していきます。しかし安心感や信頼感が育っていないと、このような基本的な生活習慣を身につけることや衝動のコントロールが難しくなります。単に感情や行動のブレーキを踏めないだけでなく、アクセルも踏めないために、自分の信念に従って何かを成し遂げるということが難しくなることがあります。

③ 初期発達課題の未獲得によるその後の積み上げの阻害

　子どもの初期発達課題が未獲得のままであると、さまざまな不適応行動を起こし、非難や叱責を受けやすく、周囲から疎まれがちです。そのことが自己評価の低下につながり、アンテナを張り巡らせ過覚醒の状態にいる子ども、あるいは**解離症状**を頻発化させてみずからを守っている子どもがいます。過覚醒の状態はADHD（第6章参照）と似た症状を呈する場合があります。さらに、歯磨きや洗顔のような基本的な生活習慣が未習得の子どももいます。解離症状とは、感覚の麻痺、健忘、極端な人格の変容、うつろな意識状態などです。人から見ると「心ここにあらず」、「ぼーっと」している、「話を聴いていない」ように見え、時には話の途中で寝てしまうこともあります。

④ 脳の発達への悪影響

　近年、初期環境における過度のストレス状況が脳の発達に悪影響を与え、本来発達障害ではないのに、発達障害で見られる症状と似た行動様式を引き起こすという研究も進んでいます。

（2）身体的影響

　身体的外傷を受けたり、身体的発育の影響を受けたりします。また、ネグレクトによる栄養障害や過度のストレス状況下に置かれ続けることで、低身長や低体重など、健全な身

体的発育が阻害される場合があります。また体温調整、脈拍、心拍など、基本的な生物学的機能に悪影響をもたらす場合もあります。

(3) 心的外傷体験による影響

　似たような状況でパニックが生じる、白昼夢や悪夢に悩まされる、不眠になるなどの症状が生じる場合があります（第10章3参照）。また、安定し一貫した愛情を与えてくれる対象や居場所の喪失は、不安と恐怖心につながるだけでなく、人生の連続性が断たれた感覚、見捨てられた人生イメージを形成し、自己評価の低下につながり、とくに思春期以降のアイデンティティ形成時に混乱をもたらすことがあります。

(4) 不適切な刺激への曝露による影響

　子どもが養育者の不適切な対応をモデルとして、誤った価値観や行動パターンを身につけてしまう可能性があります。家庭内で暴力による支配が日常的である場合、暴力を用いることに対する抵抗感を弱め、自分の欲求を実現するための手段として、暴力を用いる傾向を強めてしまいます。また、不適切にスキンシップを求めたり、性的関係を求めているわけではなくてもスキンシップを求めて異性と交際するために、結果として早熟になる場合もあります。さらに、盗みや虚言などの逸脱行動がみられることがあります。

■　ワーク5−2　　児童虐待加害者の特性を知る

(1) 以下のグラフ図5-1から、児童相談所における児童虐待相談対応の内容のうちどの分類がもっとも増加していますか。それはなぜだと思いますか？　考えてみましょう。

```


```

(2) グラフ図5-2から、児童虐待の加害者としてもっとも多いのは誰でしょうか？　またその理由も書きましょう。
　①実父　②実母　③実父以外の父親　④実母以外の母親　⑤その他

```


```

(3) 子どもを虐待してしまう理由としてどのようなことが考えられますか？

```


```

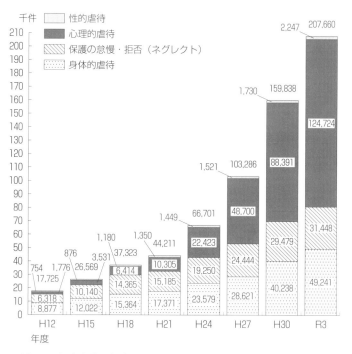

図 5-1　児童虐待の相談種別対応件数の年次推移（こども家庭庁，2023）

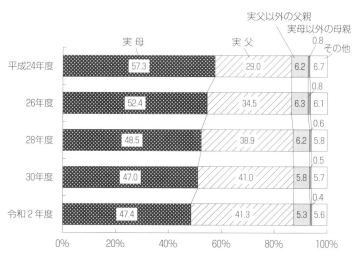

図 5-2　児童虐待相談における主な虐待者別構成割合の年次推移（内閣府，2022）

表 5-2　虐待の類型別症状と問題行動（橋本，2004）

虐待の類別	虐待を受けた子どもの示す特徴と問題	虐待の類別	虐待を受けた子どもの示す特徴と問題
身体的虐待	対人関係における両価性 他者の行動に対する過剰反応 危険を予想して防衛機制を働かせる 子ども同士でかかわる社会的技術の欠如 対象永続性の欠如 両親の面倒を見ようとする傾向	心理的虐待	行動上の問題（不安、攻撃性、敵意） 情緒上の問題（自分は価値のない存在であるという考え） 自分を取り巻く世界に関する否定的認知 乳児における易刺激性、体重増加の不良 親に対する不満 恐れと不信感 低い自己評価 自己破壊的行動（自殺、抑うつ） 非行、怠学
性的虐待	不安、恐怖、抑うつ 怒り、敵意 不適切な性的行動 家出、非行	ネグレクト	感情の全般的抑制 他者への共感性を持つ能力の障害 暴力、非行 知的能力の全般的低下

表 5-3　虐待のサイン（早期発見のポイント）（小林ほか，2021 をもとに新項目をつけ加え作成）

身体の側面	・不自然なところに傷がみられる（目の下のあざ、やけどのあと、肛門、性器の外傷、頭の異常なふくらみ、打撲など） ・虫歯があっても治療跡なし。 ・自分で自分の身体を傷つける行為（自傷行為）をする。 ・同年齢の子どもに比べて、身長・体重の成長に遅れがある。栄養障害がみられる。
心の側面	・自分の殻に閉じこもり、人とのふれあいが消極的になるなど、ひとりで過ごすことが多い。 ・自殺をほのめかす。 ・無口で表情が乏しく笑顔がない。あるいは凍りついたような表情をみせる。 ・協調性がなく自分本位である。 ・不必要に自分を責めることが多い。 ・うつの症状がみられる。
行動の側面	・いらいら、衝動的な暴力、激しいかんしゃくなど攻撃的な行動がみられる。 ・小動物、昆虫、植物など生物に対する残虐な行為をする。 ・多動で落ち着きがない。 ・すぐにわかるうそをつくことがある。うそが多い。 ・いじめ、家出、徘徊、万引きなどの問題行動がみられる。 ・授業に集中できない。急激な成績の低下がみられる。 ・理由のない欠席や遅刻が多い。 ・体や服装の乱れがみられる。季節にあわない服装をしている。 ・服を脱ぐことに異常な不安をみせる。 ・他者との身体的な接触を異常に嫌がる。 ・性的なことに対する過剰な反応がみられる。 ・下校時刻になっても家に帰りたがらない。
保護者からのサイン	・子どもが病気や怪我でも医者にみせようとしない。 ・子どもの怪我などに対する説明が不自然である。 ・子どもの扱いが非常に乱暴である。 ・食事・衣服・寝具などへの準備や配慮がなされていない。 ・学校を無断で休ませる。 ・アルコール・薬物への依存がみられる。

■■ 4. 被虐待児への対応 ■

　学校ではまず虐待のサイン（表5-3）を見逃さず、**早期発見**に努めること（児童虐待の防止等に関する法律第5条）、然るべき機関への**通告の義務**（同第6条）が定められています。また**児童相談所**などの専門機関と連携することが必要です。虐待を防止するための運動として、2005年より全国でオレンジリボン運動が始まっており、とくに2015年より緊急対応用の電話番号「189」（イチハヤク）が制定されています。虐待を受け専門機関による介入が行われた後に学校生活を継続している子どもに対しては、長い目で見て、ある意味「育ちなおし」といったことも視野に含む必要があります。愛情をもって根気よく継続的に関わることにより、未習得のスキルを習得させ、社会のルールを内在化させるようにします。児童虐待を含む要保護児童や要支援児童については自治体の「要保護児童対策地域協議会（要対協）」の対象ケースとなり、支援が行われます。たとえば、被虐待児をはじめ社会的養護を必要とする子どもたちを公的責任で養育する形態には①里親養育、②ファミリーホーム、③施設養護の3つがあります（表5-4）。被虐待児は**心的外傷**を負っているケースも多々みられるため、スクールカウンセラーによるカウンセリングや24時間体制の専門的ケアも必要であれば受けさせることが重要です。

表5-4　社会的養護の形態

里親養育	家庭における養育を里親に委託する
ファミリーホーム	養育者の住居において家庭養育を行う（定員5,6名）
施設養護	施設に児童を入所させて養育を行う（乳児院、児童養護施設、児童心理治療施設、児童自立支援施設）ほか

■■ 5. ま と め ■

　児童虐待は年々増加傾向にあり、学校はそれを発見したり介入したりする場としてますます期待されることになるでしょう。

　教師はまずは虐待のサインを見逃さず、迅速に他職種の人々と連携をとることが求められています。

ワーク5−3　児童虐待への対応

冒頭の事例を再度読み、以下の欄にあなたの考えを記入しましょう。

あなたが担任としてとる行動

その理由

【引用・参考文献】

日本臨床心理士会（編）（2013）．臨床心理士のための子ども虐待対応ガイドブック

橋本　泰子（2004）．虐待児の心理アセスメント――描画からトラウマを読みとる――　ブレーン出版

こども家庭庁（2023）．令和4年度　児童相談所における児童虐待相談対応件数（速報値）2023/12/07 閲覧 https://www.cfa.go.jp/assets/contents/node/basic_page/field_ref_resources/a176de99-390e-4065-a7fb-fe569ab2450c/12d7a89f/20230401_policies_jidougyakutai_19.pdf

小林　正幸・橋本　創一・松尾　直博（編）（2021）．教師のための学校カウンセリング　改訂版（p. 266）有斐閣

井村　圭壯・相澤　讓治（編）（2011）．福祉の基本体系シリーズ⑨児童家庭福祉の理論と制度　勁草書房

児童虐待防止法令編集委員会（2009）．児童虐待防止法令ハンドブック　平成21年版（pp. 11-12）中央法規出版

内閣府（2022）．令和4年版　子供・若者白書

大西　将史・大西　薫（2021）．エデュケーショナル・マルトリートメントに関する研究の概観――概念の定義に焦点を当てた検討――　福井大学教育実践研究，46，85-97.

6

特別支援教育を必要とする子どもたち

知的な遅れはなく、本人が努力しているにもかかわらず、「特定の教科の勉強が苦手」「落ち着きがなく授業に集中できず忘れ物が多い」「場や周囲の状況に即したふるまいができない」「人とのコミュニケーションが苦手」といった子どもたちがいます。私たちも、「耳で聞くよりも図や絵で理解する方が得意」といった、得意なこと・苦手なことがあり、それは一人ひとりの個性といっていいでしょう。発達障害がある子どもたちは、発達にばらつきがあり、できることとできないことの差がとても大きく日常生活に困難を抱えています。決して本人の努力が不足しているからでも、家庭でのしつけのせいでもありません。にもかかわらず、学習が遅れたりコミュニケーションが上手にとれないことで、いつも注意や叱責を受けているので、本人の自尊心が傷つけられたり、劣等感をもってしまうことがあります。なかには不登校やいじめ・うつ状態といった二次障害を引き起こしてしまう場合もあります。一人ひとりの個別的理解とニーズに合わせた援助（教育方法や環境を整える）によって子どもの成長を支え二次障害を防ぐことが必要です。

■■ 1. 発達障害の理解と対応 ■

（1）特別な支援を必要とする子どもたちの割合

2022 年に文部科学省が公立の小中学校の教師を対象に行った調査では、知的な遅れはないものの、学習面や行動面で著しい困難を抱え、特別な支援を必要とする子どもの割合は 8.8% に及びました。この数字は、発達障害の診断がされているとはかぎりませんが、40 人学級に 3 人、配慮のある環境や特別な支援を必要とする子どもがいるということを示しています。（支援が必要とされている児童生徒はこの数字より多く 28.7% に上り、実際

社会性や行動面、学習能力などある特定の領域に困難さがみられる障害の総称。知的障害とは異なり、優れた面と苦手な面があり発達がアンバランス。

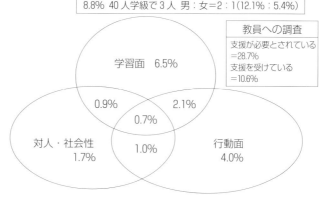

図 6-1　通常の学級に在籍する発達障害の可能性のある特別な教育的支援を必要とする児童生徒に関する調査結果（文科省，2022）

に支援を受けている児童生徒は10.6％となっています。）調査の対象となった学習面での困難は
LD（学習障害）、行動面での困難はADHD（注意欠陥多動症）、対人・社会性での困難はASD（自
閉スペクトラム症）にほぼ対応しています。なかには複数の症状が混在している子どももいます。

（2）関わる際に大切にしたいこと

　LD、ADHD、ASD（自閉スペクトラム症）の特徴と支援については、次節以降に詳しく説
明していきます。ここでは、特別な支援を必要とする子どもたちに共通するかかわり方を
説明します。

　まず、障害名をあてはめることで子どもを理解したつもりにならないようにしましょう。
障害特性として書かれている特徴は、どちらかというと本人の欠点と思われがちなことで
す。そこばかり注目せずに、本人の得意なこと、興味や関心、友人関係など、良いところ
やリソース（資源）、潜在的な可能性や成長の芽に注目して、ひとりの人としての全体像を
理解することが何よりも大切です。「たろう君は漢字を覚えるのが得意で正義感が強くて
人に優しい。急な予定変更は苦手でパニックを起こしてしまうこともあるけれど……」と
いうように。発達障害がある子どもたちは本人にとって厳しい、ストレスの多い場面ほど
障害特性が際立ちやすくなり、本人が居心地の良い学習環境、人間関係や学級風土のなか
ではその特性は目立たなくなります。人はまなざしにより育つともいわれます。本人の努
力や良いところを認めて、潜在的な可能性を信じアプローチすることが大切なのです。

　同じ障害名でも、特徴の現れ方は一人ひとり異なります。また、環境や関わる人の応対
によって、同じ子どもでもまったく異なった姿を見せることがあります。たとえば一対一
で会話をしていると、きちんと指示を聞き取り、落ち着いて作業ができるけれども、多く
の子どもがいる教室内では先生の話を聞き取れず、作業に集中できないなどがあげられま
す。教科や説明方法によってはスムーズに行動できたり、理解度や言動が異なったりする
ことも特徴です。そのため、関わる人（教師・養護教諭・保護者・医師・関連機関職員等）がそ
の子どもに対する気づきを共有してアセスメントを行い、学習の指導方法や環境の調整を
考えていくことが大切になります。

　たとえば、教師の「ノートを開いて先生の話を聞きなさい」という指示に従えない場合
も、「聴覚による理解が苦手」「集団のなかで教師の指示を聞き取ることができない」「言
葉通りノートを開いていてノートをとるという言葉の含みがわからない」「聞きながら書
くということが苦手」「聞いた内容の要点を整理するのが苦手」……等さまざまな原因が
考えられます。原因を探求しアセスメントを行うことで、「個別に指示をする」「絵や図を
併用する」「聞いた後にメモをする」「話をしながら要点を板書する」といった、かかわり
の工夫をすることができます。ここでのアセスメントは仮の理解で、かかわり方を変えた
後の子どもの様子から、またあらたなアセスメントを行います。発達障害のある子どもた
ちが示す問題行動は、関わる教師にとって「困った問題」ですが、本人にとっては「そう

せざるをえない理由や背景がある」「SOS を発している」という視点が必要なのです。本人にとって周囲がどのように体験されているのか、なぜそのような言動をとるのか、どうすれば本人の困り感が少なくなるのか、を考えることが大切です。

(3) 関わる姿勢

発達障害のある子どもたちは注意や叱責を受けても、その理由や適切な行動がわからなくて困っていることが多いのです。次のことを心がけましょう。

① **簡潔に伝える**：アイコンタクトをとったり、「これから指示をします」と前置きをしたり、本人の注意を引きつけてから簡潔な言葉で伝えます。図や箇条書きのメモが役立つこともあります。

② **しかるよりほめる**：本人が望ましい行動をとったり、努力したことをほめることが大切です。言葉でほめるのはもちろんですが、シールや表を利用して視覚的に「できたこと」を確認できる工夫も効果的です。

③ **否定より肯定で伝える**：望ましい行動を具体的に伝える、本人が理解できるように伝えることも大切です。「水を出しっぱなしにしない」としかるより「水を止めましょう」と伝え、本人が止めたら「ありがとう」とお礼を言うのです。「静かに話しましょう」と言うより、図を使い「1 の声の大きさで話しましょう」と伝えるようにします（図6-2）。

④ **成功体験を積み重ねさせる**：本人が「できた！」「わかった！」という成功の体験を積み重ねることができるようにすることが大切です。そのためにはスモールステップで、たとえば10 問の問題があるプリントを 1 枚 2 問に分ける、板書と同じ穴埋め式のプリントを準備してノートに貼り空欄部分を写すなどの工夫をします。ひとりでは困難な状況や課題に対しては、周囲がそっとサポートしながら克服できるように援助していきます。成功体験の積み重ねを通して、持続力や自分をコントロールする力を少しずつ根気よく伸ばしていくことが大切です。具体的な支援方法については、章末にあげた図書等を参考にしてください。

⑤ **本人の主体性や能動性を大切にする**：「させられている」「やってもらっている」のではなく、「自分の力でできた」「自分でやりとげた」と本人が思えるかかわりが大切です。

(4) 学級の子どもたちへの働きかけ

学級の子どもたちに対する働きかけも大切です。発達障害がある子どもへの配慮や支援をほかの

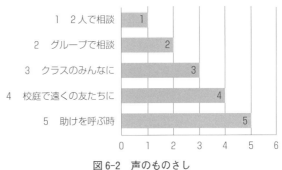

図6-2　声のものさし

子どもたちが「特別扱い」や「ひいき」と受け取ってしまうと、本人へのいじめやからかい、先生への反抗につながることがあるからです。先生たちはどの児童生徒も自分のもてる力を発揮できるようにと考えていること、学級のなかに困っている子どもがいる時には一緒に考えていくことを常に言動で示し、すべての子どもに「居場所」や活躍の場があるように配慮した授業や学級経営を行います。グループ・エンカウンター（第14章参照）を活用してお互いの良さや違いを認めあえる学級風土を築き、どの子どもにとってもいきいきと過ごせる学級をつくることが大切です。

(5) 学校全体の理解

　発達障害のある子どもへの教育にあたっては、学級担任や教科担任のみならず、教職員全体の特別支援教育に対する理解のもと、学校内の協力体制を構築することが求められます。さらには、保護者や学校外の医療機関、福祉機関等、関係機関との連携協力が不可欠で、これらの連絡と調整を行うために各学校には**特別支援教育コーディネーター**が配置されています。

(6) 保護者への理解

　子どもたちの成長を支援するには保護者との協力が不可欠です（第12章参照）。発達障害の傾向がある子どもの保護者は、これまでの子育てのなかで大変な苦労をしていることが多く、なかには子どもの特性を「親のしつけ」のせいにされた経験をもち、学校に不信感をもっている場合があります。診断を受けて医学的な知識を豊富にもっている保護者もいます。まず、保護者の願いや思いを傾聴し、ともに子どもの成長を支えていける協力関係をつくっていくことが大切です。

■■ 2. ADHD（注意欠陥多動症）の理解と対応

(1) 事例　のぼる君（小学3年生男子）

　のぼる君はプラモデルと怪獣が大好きな男の子です。のぼる君はよく飼育係の仕事を忘れ、そのことを友だちに注意されると相手を叩いてしまい、先生から注意を受けることが続いています。また、友だちとの話しあいにも勝手に割り込んでくるので、最近クラスのなかでも煙たがられています。道具箱のなかもごちゃごちゃで必要なものが見つかりません。

(2) ADHD (Attention-Deficit / Hyperactivity Disorder) とは

表 6-1　ADHD（注意欠陥多動性障害）の定義（文部科学省, 2003）

ADHDとは、年齢あるいは発達に不釣り合いな注意力、及び／又は衝動性、多動性を特徴とする行動の障害で、社会的な活動や学業の機能に支障をきたすものである。また、7歳以前に現れ、その状態が継続し、中枢神経系に何らかの要因による機能不全があると推定される。

上記のように、ADHD は「**不注意**」「**多動性**」「**衝動性**」の３つの特性を基本とする障害で、特性の現れ方には個人差があり、大きく３つのタイプに分けられます。

① **不注意優位型**：気が散りやすく集中力が続かない、忘れ物が多い、整理整頓ができないなどの特性が目立ちます。

② **多動性・衝動性優位型**：落ち着きがなく、じっとしていられない多動性と、思いついたら即実行せずにはいられない衝動性の両面が現れます。

③ **混合型**：もっとも多いのが不注意と多動性・衝動性の両方が現れる混合型です。50％から70％がこのタイプとされています。注意力が散漫で忘れ物が多い、落ち着きがないといった両方の特徴がみられます。

　多動性・衝動性があると ADHD ではないかと気づかれやすいのですが、不注意優位型で衝動性・多動性がみられない場合は単にやる気がないと思われて、ADHD であることを見過ごされてしまうことがあります。また、女子の場合は男子に比べその特性が目立たず気づかれにくいので、支援が遅れることのないよう注意が必要です。

　ADHD は薬（コンサータ・ストラテラなど）の服用で集中しやすくなる場合も多くありますが、個人差があります。さらに、環境の調整・周囲の理解・本人への心理教育は欠かせません。

（3）かかわりの工夫

① **注意力への配慮**：見えるものや聞こえるものから絶えず刺激を受けてしまうので、気

表 6-2　ADHD の特徴

不注意優位型	多動性・衝動性優位型
・細かい所に注意を払わなかったり、不注意な間違いをする（単純な計算ミス、漢字やひらがなの"点"や"はね"に注意がいかないなど）。 ・課題や遊びで注意を集中し続けることが困難。 ・面と向かって話しかけられているのに聞いていないように見える。 ・課題や活動を順序立てて行うことが難しい。 ・好きなこと、興味のあることには集中しすぎて切り替えが難しい。 ・同じことをくり返すのが苦手（漢字練習など）。 ・注意が長続きせず気が散りやすい（音や声等に敏感に反応する。目に入ってきた刺激にすぐ興味を示すなど）。 ・必要なものを置き忘れたり、鉛筆や消しゴムを何度もなくす。	・落ち着きがなく、貧乏ゆすりをするなど、絶えず手足を動かしている。 ・おしゃべりがやめられない。 ・衝動性を抑えられず、ささいなことでケンカをしやすい。 ・何もしないでただ待つという状態が苦手で、行列に並びたがらない。 ・座っているべき時に立ち歩く。 ・質問が終わらないうちに答えてしまう。 ・不適切な状況で走り回ったりよじ登ったりする。

図6-3 道具箱の整理

が散らないような環境を確保することが必要です（黒板に注意が向くように、一番前の席にする・黒板側の掲示板には何も貼らない・学級文庫の本棚にはカーテンをつける。板書は箇条書きにして、マークや枠線で注意を向けやすくするなど）。

　忘れものや約束については、自分から事前に気づくのが難しいので、持ち物のメモを書き、保護者とともに前日に確認する習慣をつけたり、活動の前に「今日は給食当番ですね」と声をかける工夫をしましょう。

②　**多動性への配慮**：じっとしていることが苦手なので、授業中プリントを配ってもらうなど、身体を動かす役割をしてもらいましょう。課題の途中で小休止をするのも効果的です。

③　**衝動性への配慮**：思いつくとすぐに行動してしまい、感情のコントロールが苦手なので、事前に「順番にならびましょう」「授業のおわりのチャイムが鳴っても着席していましょう」と望ましい行動を伝えて本人の混乱を防ぐことも大切です。

（4）事例　のぼる君への対応

①　**のぼる君が注意を向けているのを確認して話す**：「のぼる君」と呼びかけたり、肩に手を置くなどしてアイコンタクトをとってから話します。

②　**できることから少しずつ取り組む**：たとえば、話す前に心のなかで3つ数える、道具箱の整理の工夫をする（図6-3）等、できることから始めましょう。

■■ ワーク 6 − 1　　同級生への対応

のぼる君の事例について、あなたが担任なら同級生にどういう働きかけをしますか。

（5）事例　よしえさん（中学1年生女子）

　よしえさんは図書委員に所属しています。授業中時々教科書やノートは開いているものの、ぼーっとして話を聴いていないようにみえます。授業中友達とおしゃべりがやめられず、担当の先生から注意を受けることが度々あります。また、図書委員会や掃除当番をさぼって友人から注意を受けることがありました。5月に担任が保護者会の返事の提出を催促した次の日から3日連続して休み、4日目に登校した時も元気がありません。心配した

担任のすすめでスクールカウンセラー（以下 SC）の面接を受けることになりました。

　SC が心配なこと、困っていることを尋ねるとよしえさんは「宿題のプリントや保護者会のお知らせなど提出物が提出できない。授業で先生の話を聴いても課題のどこからやっていいのかよくわからない。授業でおしゃべりをしてしまい何度も先生から注意された」と話しました。SC が鞄を見てみるとたくさんのプリントがひとまとめになって入っていました。

①**事例への対応**：SC はプリントの整理や授業の受け方についてよしえさんと話しあい、担任や特別支援コーディネーターの先生に協力をお願いしました。まず、よしえさんの希望を聞きながら教室環境を整備し（(3) ①注意力への配慮参照）一番前の席にしました。

②**指示の工夫**：授業での指示は指示カードを作成して、よしえさんがチェックしながら進めるように担任や教科担任の先生にお願いをしました。

　授業中におしゃべりを始めた場合は、さりげなく「授業中は静かに」と書かれたカードを提示するようにしました。

| ☐ 教科書 30 ページを読む |
| ☐ 資料集 28 ページを見る |
| ☐ プリントを完成させる |
| ☐ プリントが終わったら先生の指示を聞く |
| ☐ 自信をもって発表する |

図 6-4　指示カード例

③**プリント整理の工夫**：プリントの整理は教科ごとのファイルを作成して授業終了後すぐにファイルすること、保護者への連絡ファイルは別に準備してファイルする事を提案し、まず SC がよしえさんと一緒にプリントを整理する練習をしました。

■　ワーク6−2　よしえさんへの対応

よしえさんの事例で、あなたが担任なら同級生へどのように働きかけをしますか。

■■ 3．LD（学習障害）の理解と対応 ■

(1) 事例　たろう君（小学3年生男子）

　たろう君は釣りが大好きな男の子。たろう君は音読をさせると（単語や文字を）飛ばし読みをしたり、勝手読み（動詞などの活用を間違えて読む）が多く、また読解の力も同学年の子どもに比べて低いといえます。最近は教科書を開こうともしません。

(2) LD　(Learning Disability) とは

LD（学習障害）は次のように定義されています。

表 6-3　LD（学習障害）の定義

（学習障害及びこれに類似する学習上の困難を有する児童生徒の指導方法に関する調査研究協力者会議. 1999）

> 　学習障害とは、基本的には全般的な知的発達に遅れはないが、聞く、話す、読む、書く、計算する又は推論する能力のうち特定のものの習得と使用に著しい困難を示す様々な状態を指すものである。
> 　学習障害は、その原因として、中枢神経系に何らかの機能障害があると推定されるが、視覚障害、聴覚障害、知的障害、情緒障害などの障害や、環境的な要因が直接の原因となるものではない。

　LD の特徴として得意と不得意の差が極端に現れます。以下に LD にみられる特性と考えられる要因をあげます。

① 　**文字が読めない「読字障害」**：視覚機能の未発達により、「単語をまとまりの言葉としてとらえられない」「『ぬ』と『ね』など、形が似ている字を読み間違える」「拗音（『きゃ』『しゅ』など）や促音（『っ』で表す詰まる音）の発音ができない」「文字や行を飛ばして読む」「『食べる』を『しょくべる』と読むなど音読みと訓読みを混同する」ことがあります。

　　また、聴覚認識機能の未発達により文字と音を結びつけられないことがあります。

② 　**文字が書けない**：視覚認知機能や協調運動機能（思った通りに手先を動かす）が弱いために鏡文字や本人しか読めない字を書いたりします。

③ 　**計算・推論ができない**：「聴覚記憶が弱いため、計算ができない・九九ができない」「視覚認知が弱いため、図形やグラフが苦手」などといったことがあります。

④ 　**話が聞けない**：「聴覚機能が弱いために先生の声を聞き分けられない」「ワーキングメモリー（作業しているあいだに保持しておくことが必要な短時間の記憶）が弱いためにすぐ忘れる」ことがあります。

⑤ 　**話ができない**：「ワーキングメモリーが弱いために話題がずれる」「順序だてて整理できない」ことがあります。

通常の見え方

> 親譲りの無鉄砲で子供の時から損ばかりしている。小学校にいる時分学校の二階から飛び降りて一週間ほど腰をぬかしたことがある。

読字障害の見え方例

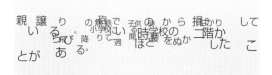

図 6-5　LD（学習障害）の特徴

（3）かかわりの工夫

　本人が困っている原因を探り、それに応じた支援や学習方法を考えます。

　読みが苦手な場合は、一行ものさし（図 6-6 参照）を使い、読むところに注目がいくようにする、漢字にふりがなを振る、教科書を拡大コピーする、文字を文節で区切る、先行読み（先生が先に読んで、その後復唱する）等、本人が取り組みやすい学習支援をしていきます。

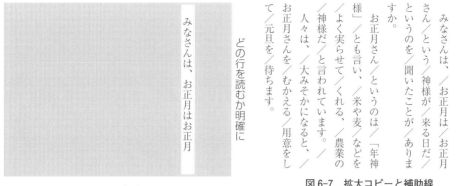

図 6-6　一行ものさし

お正月さん

　みなさんは、／お正月は／お正月さん／という／神様が／来る日だ／というのを／聞いたことが／ありますか。

　お正月さん／というのは／「年神様」／とも言い、／米や麦／などを／よく実らせて／くれる、／農業の／神様だ／と言われています。／人々は、／大みそかになると、／お正月さんを／むかえる／用意をして／元旦を／待ちます。

図 6-7　拡大コピーと補助線

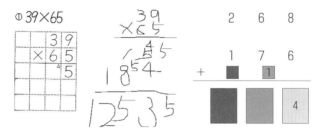

図 6-8　計算はマス目を利用

文字が正しく書けない場合は、マス目のプリントに文字を書いたものを写し、文字を部分に分けて見る、ノートを取ることができない場合は、プリントを準備して空欄にポイントのみ書き込むなどの工夫をするほか、最近はタブレット端末の利用も始まっています。

算数の計算においてもマス目は有効で（図 6-8 参照）、このようなプリントの工夫のほか、電卓の使用やタブレット端末の利用も含めさまざまな教材が研究されています。

(4) 事例　たろう君への対応

国語では、まず「一行ものさし」を使ってゆっくり読ませるようにしてみましょう。たろう君ができたことはこまめにほめてあげましょう。

ワーク 6−3　同級生への対応

たろう君の事例において、あなたが担任なら同級生にどう関わりますか。

■■ 4. ASD（自閉スペクトラム症）の理解と対応 ■■

（1）事例　ゆうと君（小学2年生男子）

ゆうと君は電車が大好きな男の子。学級ではドッジボールなどチーム活動になかなか参加できません。急に時間割が変わったり、思い通りにならないことがあるとパニックを起こしてしまうことがあります。教室の掃除当番はきちんと行うのですが、今年から始まった階段の当番は何もせず、注意を受けました。登下校中、いきなり知らない人に話しかけてしまうこともあります。また、教室移動に遅れたり、迷子になることがあります。

（2）ASD（Autistic Spectrum Disorder）とは

これまで文部科学省の定義では、①社会性の遅れ、②言葉の遅れ、③興味の限局やこだわりがみられるという特徴をもつ自閉症のうち、知的障害がないものを高機能自閉症、知的障害がなく言葉の遅れもないものをアスペルガー障害としてきました。

表6-4　高機能自閉症（文部科学省，2003）

> 高機能自閉症とは、3歳位までに現れ、①他人との社会的関係の形成の困難さ、②言葉の発達の遅れ、③興味や関心が狭く特定のものにこだわることを特徴とする行動の障害である自閉症のうち、知的発達の遅れを伴わないものをいう。
> また、中枢神経系に何らかの要因による機能不全があると推定される。

　一方で、2013年にアメリカ精神医学会がDSM-5（精神疾患の診断・統計マニュアル）を発表し、これまで自閉症、高機能自閉症、アスペルガー障害とされていた障害がASD（自閉スペクトラム症）としてまとめられました。空の虹に見られる光のスペクトラムを思い出してください。どこからどこまでが赤、どこからどこまでが橙（だいだい）という明確な区分がなく、連続して色が変化しています。自閉スペクトラム症もこのように連続していると考えられているのです。以下にASDにみられる特性をあげます。

DSM-5（アメリカ精神医学会，2013）ではこれまでの「広汎性発達障害（自閉症・高機能自閉症・アスペルガー障害）」は、すべて「自閉スペクトラム症」になった

図6-9　自閉スペクトラム症

① **社会性の遅れ**：社会の常識や暗黙のルール、場の雰囲気を理解することが苦手です。そのために、知らない人にいきなり話しかけてしまったり、深刻な場面でふざけてしまったりすることがあります。また、人の気持ちや事情を理解できずにマイペースで行動したり、「先生太ったね」と正直すぎる発言をしたり、自分が関心のあることを一方的に話してしまうことがあります。決して相手を傷つけようとしているわけではないのですが、相手に誤解されやすいため、

友だちを求めているにもかかわらず友だちができにくい場合があります。

② **あいまいな表現が苦手**：「ちょっと待って」「がんばる」といったあいまいな表現が理解しにくいので、なるべく具体的に「5分待って」「5回練習しましょう」などと伝えるようにします。言葉の含みがわからないので、冗談と本気を区別するのが難しかったり、皮肉を言われてもわからないことがあります。

③ **特定のものにこだわりをもつ、想像をめぐらせるのが苦手**：状況を理解して想像力をめぐらして臨機応変に対応することが苦手で、いつも不安に感じていることが多いので、同じ生活パターンや、同じ方法、同じものがあることで安心します。同じ動作をくり返したり、同じ言葉をくり返すことで安心しようとする場合もあります。興味や関心があるものをたくさんコレクションしたり、好きな電車の形や名前といった知識を事典のように記憶している子もいます。

④ **視覚的理解が得意**：音声で聞くだけでは理解しにくい場合でも、図や絵、写真など視覚的表現を用いることで理解しやすくなります。

⑤ **感覚が特殊な場合がある**：聴覚の敏感さ（たとえば、大勢の話し声が苦手で休み時間に苦痛を感じたり、運動会のピストルの音などをとても怖がる場合がある）、視覚の敏感さ（絵や図、文章で表現されたものの理解が得意だったり、漢字やロゴマークといった形や色などに強い関心を示す）、味覚・嗅覚・触覚等の敏感さ（偏食が激しく特定の食べ物しか食べられなかったり、特定の匂いがするものを嫌がったり、人に触られるのを極端に嫌がったりすることがある。また、痛みに敏感で頭をなでられたのを叩かれたように感じてしまったり、逆に鈍感でかゆい時に血が出るまでかきむしってしまうことがある）など、感覚が特殊な場合があります。

⑥ **運動動作がぎこちない**：人によって動作がぎこちなくボール遊びが苦手だったり、手先が不器用で、文字が乱雑だったりします。

⑦ **パニックを起こす**：外界の認識が苦手なためささいなことで混乱し驚いたり不安になったり、自分の思い通りにいかない時に、泣き叫ぶ、暴れる、自分の髪の毛を引っ張る、頭を壁に打ちつける、自分の手を噛む、人の手を噛むなどの衝動的な行動をとることがあります。

（3）かかわりの工夫

① **感情的になることを避ける**：できるだけ冷静に話をする姿勢が大切です。周囲がからかったりすると余計に混乱してしまうので注意が必要です。パニックになった時には、落ち着くように語りかけ、それが難しい場合は本人が落ち着く空間に移動させることが効果的です。

② **ルールや指示は明確に具体的に伝える**：あいまいな指示や遠回しな言い方は避けて具体的に伝えます。ルールなどは絵や文字などを併用することで理解しやすくなります。1日のスケジュールや作業の予定を絵やカードで示すことで、本人が見通しをもちやす

そうじの手順 （いつも）	そうじの手順 （短縮）	大そうじの手順
1．あいさつ 2．つくえ運び 3．ほうき 　ぞうきん 　黒板、たな 4．つくえ運び 5．ゴミ捨て 6．せいりせいとん 7．あいさつ	1．あいさつ 2．ほうき 　黒板、たな 4．つくえの 　せいとん 5．あいさつ	1．あいさつ 2．つくえ運び 3．ほうき 　黒板、たな 　まどふき 4．つくえ運び 5．ゴミ捨て 6．道具をしまう 7．あいさつ

図6-10　複数のパターンをあらかじめ示す （月森．2005）

③　**予定変更は早めに伝える**：変化にすぐに対応できないので、予告することでスムーズに行動できます。いつもと違う遠足などの行事の際も、写真などであらかじめイメージがわかると安心できます。掃除の手順などもあらかじめパターンを示しておくことで、いつもとは異なる短縮の掃除や大掃除にも取り組みやすくなります（図6-10）。

④　**子どもの関心・こだわりをいかす**：好きな分野には「○○博士」と呼ばれるほど詳しいこともあるので、それを学習に結びつけたり、興味関心のあるものを例題や図に用いる、得意な教科で発表の機会を増やすなどの工夫をしていきます。

⑤　**感覚面の敏感さに配慮**：運動会のピストルをホイッスルや言葉で代用する、音楽の合奏など本人が苦痛な場合は別室で課題を行うなどの配慮をしつつ、活動できる範囲を徐々に拡げていきます。

（4）事例　ゆうと君への対応

　ゆうと君に「なんで階段の掃除ができないの？」と聞くと「だって、机がないから……」という返事が返ってきました。ゆうと君は机を下げる、ほうきで掃く、机をもどすという一連の手順を「掃除」と認識していたので、階段掃除では机がなくて戸惑っていたのです。このように自閉症スペクトラムの人は独特の感性や感覚をもっているので本人に聞いてみないとわからないことも多いのです。青木（2012）はそのような感性・文化を「ひとつの文化としてとらえる」ことを提言しています。

　また、ゆうと君はドッジボー

図6-11　ルールを図示 （みっくすじゅーちゅ．2015 をもとに作成）

ルになかなか参加できません。その要因とし
て次のことが考えられます。①ルールや作戦
を口で言われてもわからない（視覚優位）。こ
の場合はあらかじめ図や絵で説明することが
有効です（図6-11）。②２つのことを同時にす
ること（ボールをよけながらの会話）が苦手。こ
れには「作戦タイム」をとる等の工夫が必要

図6-12　周囲の人との関係

です。③体に触れられることが苦手（感覚過敏）。これには学級の友だちに協力をお願いし
ます。④好きなことをしている時には、周囲の声が聞こえないし、次の行動に移れない。
これにはゆうと君の注意をひいて次の行動を示すことが必要です。

　さらに登下校中、ゆうと君はいきなり知らない人に話しかけてしまうこともあります。
これは、周囲の状況が把握できていないからです。図6-12のように、関係性を目で見て
わかりやすいように示しながら、自分を中心に挨拶をする人、話をする人などの範囲を説
明しましょう。

■ ワーク6-4　　個別のニーズに即した支援（小学生）

　ゆうと君の事例で、あなたなら次のような特徴に対してどのような支援を行いますか。

（1）ゆうと君は、急に時間割が変わったり、計算を何度も間違えたり、思い通りにならないと
パニックを起こしてしまうことがあります。

考えられる原因

あなたが行う支援

（2）ゆうと君は、教室移動に遅れたり、迷子になることがあります。

考えられる原因

あなたが行う支援

(5) 事例　ももよさん（中学1年生女子）

　真面目で何事にもきちんと取り組むももよさん。入学して2ヵ月経った5月下旬、ももよさんは体育の授業のたびに腹痛を訴え保健室を訪れるようになりました。ちょうど居合わせたスクールカウンセラー（以下SC）が話を聴くと「授業でペアになってくれる人がいない。仲間はずれにされている」とのことです。SCが周囲のクラスメートに話を聞いたり、授業を見学すると、ももよさんの次のような行動がわかってきました。

　ももよさんはディズニーの映画が好きでくり返し同じ映画の話をしてしまいます。給食でみんなが並んでいたにもかかわらず横入りして注意をうけました。みんなが片づけをしているのに、動こうとしません。それを友人が軽く肩に触れて注意すると、ももよさんは友人を突き飛ばしてしまいました。幸いけがはありませんでしたが……。音楽や美術などの教室の移動によく遅れてきます。また、ももよさんに「何でそんなに太っているの？」と言われ傷ついた級友がいました。

①**事例への対応**：ももよさんが「何でそんなに太っているの？」と言ったのは、相手の気持ちを想像することが苦手なことが原因です。SCは言われて相手が傷つく言葉をももよさんに具体的に教えました。（「容姿の事は言わない」など）また、SST（ソーシャルスキルトレーニング）として、カウンセリングルームを利用する同級生同士の会話をふり返り、助言をしました（例「あまり同じ話をくり返すとしつこいと思われるから2回までにしよう」「今日○○さんを励ましたのはすごくよかった」等）。さらに、友人への誘い方・断り方、仲良くなった友達との電話やメールの方法、先生への質問の方法、パニックになりそうになった時の対応方法などをSCとともに考えて練習をしました。軽く肩をたたかれた時に反射的に相手を突き飛ばしてしまったのは、感覚が過敏なことが要因と考えられるので、周囲の人にそのことを理解してもらうよう学級で担任から話をしてもらいました。授業でのグループ分けやペアは教師が指定するように、担任や特別支援コーディネーターを通じ各教科担任に働きかけました。

　家庭では「安心できる人と安心できる場でいろいろな経験を積むことが大切」というSCの助言から、父親と母親が休みにももよさんと水族館やコンサートに外出したり、ともにクッキー作りに挑戦したりしてももよさんの興味や関心を広げる工夫をしました。

　ももよさんはその後文化祭の実行委員を引き受けて、先輩の指示をよく守り一生懸命委員会活動を行い、ももよさんの真面目さや優しさは周囲のクラスメートに認められるようになりました。

■■■ ワーク6-5　個別のニーズに即した支援（中学生）

　ももよさんの事例で、あなたなら次のような特徴に対してどのような支援を行いますか。

（1）給食でみんなが並んでいたにもかかわらず横入りして注意をうけました。みんなが片づけをしているのに、動こうとしません。

考えられる要因

あなたが担任だったらももよさんにどう声をかけますか。

(2) 音楽や美術などの教室の移動によく遅れてきます。

考えられる要因

あなたが担任だったらクラス皆でももよさんを支えるために生徒にどう話しますか。

■■ 5. ま と め ■

　発達障害のある子どもは一人ひとり現れ方が異なるので、個別的な理解に基づく教育的な支援や環境調整が求められます。学校全体の理解や協力、関わる人、保護者や諸機関との連携が不可欠です。とくに同級生への説明には配慮が必要です。本人が得意なことや苦手なことを知ってもらい、協力をお願いするわけですが、たとえばタブレット等の機器が「先生のメガネと同じで本人に必要なものなのです」といったわかりやすい説明をすることを心がけます。学級の一人ひとりがかけがえのない仲間であることを常に伝え、お互いを尊重する学級風土を育みましょう。

■ ワーク6-6　　なにに困っているのかな？

　子どもたちが困っていることに気づく観察の視点をもつことが大切です。以下のような子どもがいたら、ADHD（注意欠陥多動症）、LD（学習障害）、ASD（自閉スペクトラム症）のどれをもっている可能性があるか記入しましょう。複数にあてはまる場合もあります。

1. 教科書の音読で勝手読みがある（「いきました」を「いました」と読む）。（　　　　　　　　）
2. 課題や活動に必要なものをなくしてしまう。（　　　　　　　　）
3. 指示に従えず、課題や任務をやりとげることができない。（　　　　　　　）
4. 机の上やまわりにいつも物が散乱している。（　　　　　　　　）

5. 黒板の文字を書き写すことが苦手。(   )

6. 先生の質問が終わる前に出し抜けに答え始めてしまう。(   )

7. しばしば怪我をする。(   )

8. 計算のケアレスミスが多い。(   )

9. みんなでゲームをしている時、自分の番を待たずにやろうとしてしまう。(   )

10. 何かをやり始めると夢中になってほかのことに移れない。(   )

11. 太っていることを気にしている女子に面と向かって「君は太っているね」と言う。
    (   )

12. 先生が「授業中はきちんと前を向いて座っているように」と注意をしたら、「前しか向いて
    はいけない」と思いこみ、下を向いてノートをとることができずただ座っているだけだった。
    (   )

13. 初対面の人に、自分が応援しているプロ野球球団の所属選手全員の打率について息もつかず
    に話す。(   )

14. しばしば手首を振ったり、小刻みにジャンプする。(   )

15. 授業中窓の外ばかり見ている。(   )

16. 手先がとても不器用。(   )

17. 匂いに非常に敏感で、とても好きな匂いだといつまでも嗅いでいるし、嫌いな匂いだと絶対
    に近づこうとしない。(   )

18. まるで車掌さんそっくりに電車の駅名を言い続ける。(   )

19. 音楽に合わせてスキップができない。(   )

20. 急に予定が変更になるとパニックになり、落ち着きなく動き回る。(   )

21. 授業中立ち歩く。(   )

22. 直接話しかけられた時に聞いていないように見える。(   )

　以上のようなことにあてはまるからといって、必ずしも障害をもっているとはかぎりません。安易に発達障害があると決めつけないように注意することが必要です。

　また、ここに書かれている特徴をリフレーミング（第14章3参照）して、短所を長所としてとらえ直すことが本人や教師にとって大切です。また、苦手なことでも、どのような支援があればできるようになるかを考えることが教師に求められているということを、本章を学んだみなさんは理解していることでしょう。

▌▌ 推薦図書等

月森 久江（編）(2005).　シリーズ教室で行う特別支援教育3　教室でできる特別支援教育のアイデア172 小学校編　図書文化社　／月森 久江編 (2006).　シリーズ教室で行う特別支援教育4 教室でできる特別支援教育のアイデア中学校編　図書文化社　／月森 久江（編）(2012).　シリーズ教室で行う特別支援教育7　教室でできる特別支援教育のアイデア中学校・高等学校編　図書文化社：この3冊は普通学級で行えるさまざまな特別支援教育の具体的な支援方法やアイディ

アが記述されています。困ったときに解決のヒントが見つかります。

ニキ・リンコ（2005）．俺ルール！──自閉は急に止まれない──　花風社　／東田　直樹（2007）．
自閉症の僕が跳びはねる理由──会話のできない中学生がつづる内なる心──　エスコアール出
版部：この2冊は、ASDである著者が自分の抱える困難やあると嬉しい支援やかかわりについ
て記述しており、本人の体験世界を知ることができる貴重な本です。

独立行政法人国立特別支援教育総合研究所　HP（https://www.nise.go.jp/nc/）および特別支
援教育教材ポータルサイト（https://kyozai.nise.go.jp/）：上記HPでは教育現場で必要な基本的な
知識と指導・支援に関する情報を提供しています。

NHK　DVD「君が僕の息子について教えてくれたこと」（2014）．NHKエンタープライズ：自閉
症の東田直樹さんの「自閉症の僕が跳びはねる理由」を、自身も自閉症の息子をもつイギリス人
作家ディヴィッド・ミッチェルさんが読み、まるで息子が自分に語りかけているように感じました。
2人の出会いにより著書は世界20ヵ国以上で翻訳され自閉症の子どもをもつ世界中の多くの家族
に希望の灯をともした。このDVDには来日したミッチェルさんと東田さんの交流の様子が収め
られています。

【引用・参考文献】

青木　省三（2012）．ぼくらの中の発達障害　筑摩書房
橋本　和明（編）花園大学心理カウンセリングセンター（監修）（2009）．花園大学発達障害セミナー1　発
　　達障害との出会い──こころでふれあうための一歩──　創元社
滝川　一廣（2005）．ADHDやLDをどう考えるか　そだちの科学4号　日本評論社
田中　康雄（2006）．軽度発達障害のある子のライフサイクルに合わせた理解と対応──「仮に」理解して、
　　「実際に」支援するために──　学習研究社
田中　康雄（監修）（2014）．イラスト図解　発達障害の子どもの心と行動がわかる本　西東社
月森　久江（編）（2005）．シリーズ教室で行う特別支援教育3　教室でできる特別支援教育のアイデア172
　　小学校編　図書文化社
中山　和彦・小野　和哉（2012）．図解　よくわかる思春期の発達障害　ナツメ社
こどものあそびポータルサイト　みっくすじゅーちゅ　http://45mix.net/dodgeball/　2015/03/30閲覧
村瀬　嘉代子（1995）．子どもと大人の心の架け橋──心理療法の原則と過程──　金剛出版
森　則夫・杉山　登志郎・岩田　泰秀（編）（2014）．臨床家のためのDSM-5虎の巻　日本評論社
文部科学省（2003）．今後の特別支援教育の在り方について（最終報告）
文部科学省（2017）．発達障害を含む障害のある幼児児童生徒に対する教育支援体制整備ガイドライン～
　　発達障害等の可能性の段階から，教育的ニーズに気付き，支え，つなぐために～
文部科学省（2022）．通常の学級に在籍する特別な教育的支援を必要とする児童生徒に関する調査結果に
　　ついて

Column 4. 特別支援教育

　　特別支援教育が開始される以前の特殊教育では、視覚障害、聴覚障害、知的障害、肢体不自由、病
虚弱、情緒障害、言語障害等のある子どもたちに対して、"障害の種類や程度"に応じた、それぞれ
の教育の場（盲・ろう・養護学校、特殊学級等）が設定され、手厚くきめ細い教育がされてきました。

「特別支援教育とは、これまでの特殊教育の対象の障害だけでなく、その対象でなかったLD、ADHD、高機能自閉症も含めて障害のある児童生徒に対してその一人一人の教育的ニーズを把握し、当該児童生徒の持てる力を高め、生活や学習上の困難の改善又は克服するために、適切な教育や指導を通じて必要な支援を行うもの」（文部科学省，2003）であるとされ、これまで支援の対象とされなかった通常の学級に在籍するLD、ADHD、高機能自閉症等の児童生徒も対象になりました。この背景には2004年の発達障害者支援法の成立があります。従来、日本の福祉政策は、身体障害、知的障害、精神障害がある人を対象としていました。**発達障害者支援法**（2016年改正）では、これまで支援の対象ではなかった、**LD、ADHD、自閉スペクトラム症**（高機能自閉症・アスペルガー症候群・その他の広汎性発達障害）の人を対象としています。発達障害者の自立および社会参加に資するようその生活全般にわたる支援を図るために、障害の早期発見と適切な医療・教育・福祉の支援を幼少期から一貫して行うこと、発達障害者支援センターを設立することが規定されています。教育現場でも2007年に**特別支援教育**が**学校教育法**に位置づけられ（学校教育法の改正，2007年）、すべての学校において、障害のある幼児児童生徒の支援をさらに充実することが規定されました。障害がある子どもたちは、一人ひとりの子どもの教育的なニーズに沿い、特別支援学校、特別支援学級、通級指導により適切な教育が行われることとなったのです。また、今まで通級指導学級で行われていた指導は**特別支援教室**に移行しました。特別支援教室は発達障害を担当する教員が各校に設けられた特別支援教室を巡回して指導することにより、これまで通級指導学級で行われていた特別な指導を児童生徒が在籍する学校で受けられるようにするものです。2018（平成30）年度に全公立小学校に、2021（令和3）年度までに中学校に設置されました。2016（平成28）年4月には**障害者差別解消法**が施行され、学校現場でも障害のある子ども一人ひとりの障害の状態や教育的なニーズに応じて「合

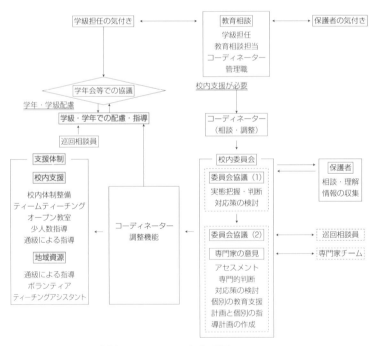

図1　支援に至るまでの一般的手順（文部科学省，2015）

理的配慮」（①教育内容・方法、②支援体制、③施設設備）を行うことが必要とされています。通常の授業のみならず、高校入試の場面でも本人の特性に応じたさまざまな配慮が行われるようになってきています。また、独立行政法人国立特別支援教育総合研究所では、教育現場で必要な基本的な知識と指導・支援に関する情報を提供しています。

　また、文部科学省（2003）は特別支援教育を支える具体的なしくみとして次の３つをあげています。
①個々のニーズに適切に対応するための**「個別の教育支援計画」**の策定
　　乳幼児期から学校卒業後までを通じて長期的な視点に立ち、家庭・医療・保健・福祉・労働等の関係機関と連携し、一貫した支援を行うため「個別の教育支援計画」を策定します。学校ではさらに各教科の目標や内容、配慮事項などを具体的に示した**「個別の指導計画」**を作成して、教員の共通理解による実践、指導や支援の継続や評価に役立てることとされています。
②特別支援教育コーディネーターの指名
　　各学校において学校長は特別支援コーディネーターを校内教員から指名することとされています。**特別支援教育コーディネーター**は、学校内の関係者や外部の関係機関との連携役（連絡・調整）、保護者に対する相談窓口、担任への支援、校内委員会の運営や推進役といった役割を担っています。対象になる子どもが支援に至るまでの流れは図１のようになっています。
③質の高い教育的支援を支えるネットワークである**「広域特別支援連絡協議会」**等の設置
　　発達障害のある子どもやその保護者が抱えるさまざまなニーズや困りごとに対して適切な相談・支援を行っていくためには、都道府県、支援地域、市町村等における多分野・多職種（医療、保健、福祉、教育、労働等）による総合的な評価と、多様な支援が一体的かつ継続的に用意されていなければなりません。支援ネットワークを構築し、より障害のある子どもや保護者を支援していくことが必要とされています。

【引用・参考文献】
独立行政法人国立特別支援教育総合研究所HP（https://www.nise.go.jp/nc/）および特別支援教育教材ポータルサイト（http://kyozai.nise.go.jp/）2023/08/25閲覧
藤本裕人　インクルーシブ教育システム構築に向けた基礎的環境整備と合理的配慮の課題　独立行政法人国立特別支援教育総合研究所
　http://www.zentoku.jp/houkoku/pdf/shiryo_h26_fujimoto.pdf　2015/8/26閲覧
宮城教育大学特別支援教育総合研究センター（編）渡辺　徹（編集代表）（2005）．特別支援教育ライブラリー　特別支援教育への招待　教育出版
文部科学省（2003）．今後の特別支援教育の在り方について（最終報告）
文部科学省（2021）．障害のある子供の教育支援の手引〜子供たち一人一人の教育的ニーズを踏まえた学びの充実に向けて〜
文部科学省ホームページ（2015）．特別支援教育について　第３部　学校用（小・中学校）
　https://www.mext.go.jp/a_menu/shotou/tokubetu/material/1298167.htm　2015/03/28閲覧
文部科学省　資料２　高等学校の入学試験における発達障害のある生徒への配慮の事例
　https://www.mext.go.jp/b_menu/shingi/chousa/shotou/054_2/shiryo/attach/1283071.htm　2019/01/14閲覧
内閣府ホームページ　障害を理由とする差別の解消の推進 http://www8.cao.go.jp/shougai/suishin/sabekai.html　2015/08/27閲覧
東京都教育委員会「中学校における特別支援教室の導入ガイドライン」を作成しました
　https://www.kyoiku.metro.tokyo.lg.jp/school/primary_and_junior_high/special_class/release20180208_03.html　2019/01/14閲覧

不登校の子どもの理解と対応

7

　不登校の子どもの苦しみは計り知れないものですが、どの子どもも強い孤独感と不安を感じています。そしてそのような子どもの変わりようを見て、なすすべがなく不安に思う保護者の苦しみも大きいと考えられます。一方、不登校生徒へのカウンセリングについては研究も蓄積されており、スクールカウンセラーの導入などにより、回復の道をたどった生徒も数多くいます。どのような方法で不登校生徒と向きあえば、より良い支援ができるのでしょうか。本章で考えていきましょう。

■■ 1. 不登校とは ■

　不登校児童生徒とは、「何らかの心理的、情緒的、身体的、あるいは社会的要因・背景により、登校しないあるいはしたくてもできない状況にあるために年間30日以上欠席した者のうち、病気や経済的な理由による者を除いたもの」と定義されています（文部省, 1989）。つまり、不登校は治療の対象のような「疾病名」ではなく、その子どもの「状態」

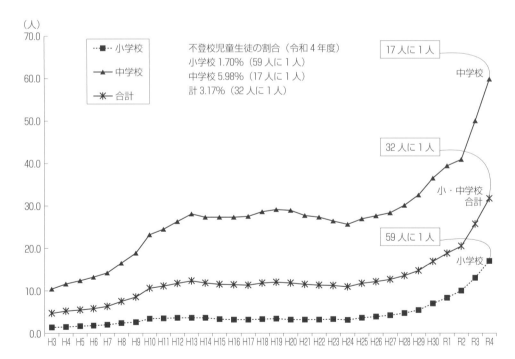

(注) 調査対象：国公私立小・中学校（小学校には義務教育学校前期課程、中学校には義務教育学校後期課程及び中等教育学校前期課程、高等学校には中等教育学校後期課程を含む）

図7-1　不登校児童生徒数の割合の推移（1,000人あたりの不登校児童数）（文部科学省，2023）

であり、どの子どもにも起こりうることです（学校不適応対策調査研究協力者会議, 1992）。また、担任教師が家庭訪問をしたり、通級学級（本章コラム参照）やフリースクールへの通級を出席とするなど柔軟な対応が行われるようになっています。さらに2017（平成29）年には**教育機会確保法**（義務教育の段階における普通教育に相当する教育の機会の確保等に関する法律）が施行され、不登校児童生徒への国の取り組み、たとえば従来の学校とは異なる形態の学習の場の整備等が進められています。

■■ 2. 不登校の要因 ■

　不登校というと学校でのいじめが主な原因なのではないかと思われがちですが、さまざまな要因があり、小学生と中学生では各要因の割合が異なることがわかります（表7-1）。

　不登校の要因については、急に起こった変化か、当人の性格傾向や気質などを含め比較的長期的にみていく必要があるかなど、詳細に検討することが必要です。小澤（2006）は不登校を6つのタイプに分類し（心理的要因をもつ急性型・慢性型、教育的要因をもつ急性型・慢性型、福祉型要因をもつ急性型・慢性型）、チェックリストを作りました（表7-2）。登校渋りが始まっているような段階でこのタイプ分けチェックリストを活用して、タイプに応じた対応をすることが、不登校長期化を防ぐ上で大切です。

表7-1　2022（令和4）年度不登校の要因（文部科学省, 2023）

	不登校児童生徒数	学校に係る状況								家庭に係る状況			本人に係る状況		左記に該当なし
		いじめ	いじめを除く友人関係をめぐる問題	教職員との関係をめぐる問題	学業の不振	進路に係る不安	クラブ活動、部活動等への不適応	学校のきまり等をめぐる問題	入学、転編入学、進級時の不適応	家庭の生活環境の急激な変化	親子の関わり方	家庭内の不和	生活リズムの乱れ、あそび、非行	無気力、不安	
小学校	105,112	318	6,912	1,901	3,376	277	30	786	1,914	3,379	12,746	1,599	13,209	53,472	5,193
		0.3%	6.6%	1.8%	3.2%	0.3%	0.0%	0.7%	1.8%	3.2%	12.1%	1.5%	12.6%	50.9%	4.9%
中学校	193,936	356	20,598	1,706	11,169	1,837	839	1,315	7,389	4,343	9,441	3,232	20,790	101,300	9,621
		0.2%	10.6%	0.9%	5.8%	0.9%	0.4%	0.7%	3.8%	2.2%	4.9%	1.7%	10.7%	52.2%	5.0%
合計	299,048	674	27,510	3,607	14,545	2,114	869	2,101	9,303	7,722	22,187	4,831	33,999	154,772	14,814
		0.2%	9.2%	1.2%	4.9%	0.7%	0.3%	0.7%	3.1%	2.6%	7.4%	1.6%	11.4%	51.8%	5.0%

（注1）「長期欠席者の状況」で「不登校」と回答した児童生徒全員につき、主たる要因1つを選択。
（注2）下段は、不登校児童生徒に対する割合。

表 7-2　不登校のタイプ分けチェックリスト (小澤，2006 をもとに作成)

当てはまる…○　やや当てはまる…△　当てはまらない…×

氏名（　　　　　　　）小・中・高（　　年）男・女	
A　心理的要因をもつ急性型	B　心理的要因をもつ慢性型
① 感受性が鋭く、深く悩む ② まじめ、几帳面である ③ こだわりをもつ ④ 友達はいる ⑤ 成績は悪くない ⑥ 思春期の不安・葛藤が強い ⑦ 神経症的な状態を示す ⑧ 親に養育・保護能力はある ⑨ 発達に問題は感じられない	① 敏感すぎる（音・光・言語・雰囲気） ② おとなしく、目立たない ③ 何事に対しても不安・緊張が高い ④ 友達をつくるのが苦手 ⑤ 学習の基礎でつまづく ⑥ 心身ともに丈夫でない ⑦ 頭痛、腹痛などを訴える ⑧ 親自身に不安や不全感がある ⑨ 発達上の問題が感じられる（心理治療を要するレベル）
C　教育的要因をもつ急性型	D　教育的要因をもつ慢性型
① 性格は明るく活発なほうである ② 勉強や運動を頑張っていた ③ 友達をつくる力がある ④ 家庭環境は健全である ⑤ 友達とのトラブルがある（いじめ等） ⑥ 教師の強すぎる叱責、厳しすぎる指導 ⑦ 学習の挫折（伸び悩み・急落・失敗） ⑧ 発達上の問題はない	① 内気で自己主張が上手でない ② 勉強が少しずつ遅れてきた ③ 友達関係が維持できない ④ 家庭が過保護・過干渉である ⑤ 学級崩壊を経験している ⑥ 教師の指導力不足（本人に・学級に） ⑦ 進級・入学などで環境の変化がある ⑧ 発達に弱さがある（教育的支援で改善可能）
E　福祉的要因をもつ急性型	F　福祉的要因をもつ慢性型
① 家庭生活の急激な変化があった（親の不仲、病気、死、離婚、再婚、リストラ） ② 最近顔色が悪く表情が暗くなった ③ 最近投げやりな態度が目立った ④ 学習意欲が減退し、成績が急落した ⑤ 短期間に適応力が低下した ⑥ 親に保護をする精神的余裕がない ⑦ 最近服装の汚れや忘れ物が目立った ⑧ 発達上の問題はない	① 家庭崩壊がある ② 不安や不信の表情がある ③ 反抗や不服従がみられる ④ 経済的に困窮している ⑤ 親が長期的病気である ⑥ 親の保護能力（衣食住）が低い ⑦ 虐待が疑われる ⑧ 発達上の問題がある（能力があっても育っていない）

■■ 3．不登校の状態像のアセスメントとそれに応じたかかわり方 ■

　不登校の子どもの背景やきっかけがある程度特定されたら、現時点でその生徒がどのような状態であるか、きめ細かく保護者の話などを聴きながら情報を収集します。そうすることで、その生徒が不登校のどのあたりの状態になっているかを**アセスメント**するのに役立つことがあります。それから、不登校からの回復の援助方法を考えるヒントにしていくようにします。

　不登校初期、中期、後期の3段階に分けた表（表7-3）をみてください。こちらの「かかわり方チェックリスト」を用いながら、回復の段階に合った援助を行うと効果的です。たとえば毎朝起床時間になると決まって腹痛や発熱といった身体症状がみられるのに、夕方頃になると元気になる場合は、不登校状態像チェックリスト（表7-3）の初期に相当します。

表7-3　不登校状態像チェックリストおよびかかわり方 （小澤, 2006をもとに作成）

十分確認できる…○　確認できるが十分とはいえない…△　確認できない…×

	本人の状態	かかわり方
初期	不安定期・混乱期 ① 腹痛・頭痛・発熱など身体症状がある。 ② 食欲・睡眠時間等の生活の乱れがある。 ③ 物や人に当たるなど攻撃性がある。 ④ 感情や行動のコントロールができない。 ⑤ 気力が低下する。 ⑥ 恐怖感が強く、人目を避け外出しない。 ⑦ 学校の話題に激しい拒否感を示す。	安定させる ① つらさに共感する。 ② 食事の工夫や眠りやすいように配慮する。 ③ 干渉を控えるなど心理的な刺激を減らす。 ④ 本人に対して非難・強制しない。 ⑤ 迎え・訪問・電話などは本人がいやがる場合は控える。 ⑥ 親が本人を守る姿勢を示す。
中期	膠着・安定期 ① 気持ちが外に向き、活動の意欲が出る。 ② 趣味や遊びに関心がわく。 ③ 気持ちを言葉で表現する。 ④ きっかけになった出来事に触れても混乱がない。 ⑤ 同じことの繰り返しがなくなり膠着状態から脱する。 ⑥ 手伝いや家族への気遣いをする。 ⑦ 部屋の掃除や髪のカットなど整理・区切りをする。 ⑧ 気の置けない友人に会う。	エネルギーを貯めさせる ① 子どもの言動に期待しすぎず、ゆとりを持って見守る。 ② 関心を持って一緒に活動する。 ③ きっかけになったことが語られたときはじっくり聴く。 ④ わずかなことでも認め、ほめる。 ⑤ 進路や学習の情報を提供する。 ⑥ 状況打開の見通しと希望を上手に与える。 ⑦ 担任や友人から接触がある。 ⑧ 相談員が学校と連携をとる。
後期	回復・試行期 ① 自分を肯定する言葉が出てくる。 ② 進学や就職の話をするときに笑顔が現れる。 ③ アルバイトや学習を始める。 ④ 担任や級友など学校関係者に会う。 ⑤ 登校や進学・就職に向けて動き出す。 ⑥ 不登校のことを振り返る。	活動への援助 ① 本人のすることに信頼感を持つ。 ② 進路・学習・就職などの情報を具体的に提供する。 ③ 活動への具体的援助をする。 ④ 受け入れの態勢づくりをする（学校・連絡先）。 ⑤ 振り返りにつきあい、納得していく援助をする。

　不登校の初期は本人の気持ちを安定させることがまずは優先されます。学校をぽつぽつ休み始め、元気がなくなってきた場合、本人を孤立化させず、学校内外でのおとなとの信頼関係を築くことが、不登校傾向にある児童生徒を安心させることにつながります（伊藤・相馬, 2010）。中期では、少し元気を取り戻してきていますから、様子をみつつ登校刺激を与えていく、あるいは在籍校以外の場で学習したり生活する場を模索するような動きがあってもよいでしょう。後期にはいると、本人の動きのきざしから、進路・学習などの具体的な情報提供や、「少し実際に動いてみる」「動き続けてみる」というような変化を促すことも大切でしょう。

■■■ ワーク7-1 　不登校の子どもの「居場所」とは

　不登校児童生徒の心の「居場所」として考えられる場所をできるかぎりたくさん記入しましょう（注：心の居場所とは、学校内では保健室など、学校外では適応指導教室など、不登校の子どもが安心できる場所や人とのつながりを指します）。

```
┌─────────────────────────────────────────────────────────────────────┐
│ （1）学校内                          （2）学校外                        │
│                                                                       │
│                                                                       │
│                                                                       │
└─────────────────────────────────────────────────────────────────────┘
```

■■ 4. 親としてのかかわり方 ■

　親自身もわが子の不登校状態に動揺しますので、それが収まるまでは教師やスクールカウンセラーなどの専門家は親の気持ちを傾聴し、親自身が自信を取り戻し、そして子どもを責めずに受け入れられるように支えていくことが必要です。

　第1に本人が安心していられる場所をつくるようにします。最初は自宅の自室から始めてもかまいません。自室の窓を開け閉めすることで外の新鮮な空気を吸うなど、自室にいてもできることを行うようにします。そして徐々に自宅のリビングで過ごすことができるようにします。これは親やきょうだいとなら一緒に過ごすことができるようになる、あるいは家族と一緒に食事やゲーム、DVDで映画を楽しむといった活動が拡がる前段階となり、重要なステップです。さらに、最初は家族と一緒に外出し、慣れてきたら自分の欲しいジュースやお菓子、雑誌などは自分で買いにいくことができるように、近所のコンビニにひとりで行くことをすすめてみます。また、自分の好きな本を静かに読むための図書館も学習への関心を誘うなど、子どもにとって外出するきっかけが生まれ、ひとりだが周囲に人もいるという環境が子どもにとって望ましい状況となります。このように徐々に行動の範囲を拡げていくことで、不登校の子どもの気持ちが自分自身から外へと向いていくようになります。

　第2に、親に守られて子どもの心の再建が一定水準まで進んだところで、学校の情報が適度に押しつけがましくなく、しかも途絶えることなく伝えられることが重要です。不登校の子どもは「学校のことは考えたくない」「友だちや先生から見捨てられるのは嫌」という相反した感情で揺れ動いています。かりに不登校生徒が登校刺激を好まない場合や学校に足を踏み入れることが困難なタイミングであっても、学校からのプリントや手紙など、本人が見ても見なくてもよいといった、本人の自由意志が尊重される形であれば、働きかけを続けることが大切です。

　第3に本人の好きなこと、得意なことができるように工夫します。子どもは不登校であるということだけで、自分の存在価値が否定されてしまったように感じてしまいますので、そうではなく、人間とはもっとトータルに評価され価値が認められるのだということを感じてもらうためです。さらに、しばらく休養することにより十分エネルギーが充電されると退屈になってきてしまいます。この退屈も実は思春期の子どもを苛立たせたり、寂しいという感情を強めてしまうことになります。最初は「退屈しのぎ」という理由でもよいので、子どもに活躍の場を与えることで、生きがいや活力がみなぎるようになり、意欲が高

まってきます。そうすることで自尊感情が芽生え、何か新しいことにチャレンジしてみようという気持ちにつながっていきます。たとえば、地域におけるサッカーやピアノ教室など、その時期の子どもにとって適度な高さのハードルである社会的活動の場を活用することも有効です。学校以外の場所で誠実に関わってくれる、子どもが信頼できるおとなとの交流は、子どもにとって貴重な経験になりますし、そのようなおとなが見守るなかでのほかの子どもとのかかわりに、孤独感が癒され、さらには学習活動につながっていくこともあります。

　そして第4に、不安、緊張、怒りや嫌悪など不快な感情を言葉で表現（言語化）できるようにすることです。これは時期を間違えると余計に本人の不安が高まってしまうことがあります。ある程度落ち着いてきて、ネガティブな感情を表出しつつ、それを上手にコントロールできるようになるタイミングを待つことが大切です。家のなかで母親だけが子どもの感情表出のターゲットになってしまわないように、散歩をしながら話す、ファミリーレストランで家族と食事をしながら話す、父親と釣りに行ったり映画を見た後で話すなど設定に変化をもたらせ、細かく作戦を練って、ネガティブな感情をうまく表出させたり言語化することを援助します。

■■ 5. 不登校への具体的対応 ■

（1）登校刺激について

　登校刺激とは、学校や登校に関するいっさいのことがらを指します。具体的には、家庭訪問、電話連絡、手紙やメール、授業や進路に関する情報などです。

■ ワーク7-2　望ましい登校刺激とは

　以下の（1）〜（4）の場合、登校刺激を与えることが望ましいかどうか、（　　）に○か×をつけましょう。またその理由について書いてみましょう。
（1）ぽつぽつ欠席が目立つようになった不登校になりそうなとき　（　　）
　　理由：
（2）長期不登校から回復間際の頃　（　　）
　　理由：
（3）虐待などの背景が疑われる場合　（　　）
　　理由：
（4）精神的な混乱や身体症状が激しい時　（　　）
　　理由：

（2）集団にとけこめない生徒への支援

　不登校に至りやすい児童生徒の背景のひとつとして、集団にとけこみにくいという点を

あげることができます。そのような児童生徒は次の４つのタイプに分けることができるとされています。

①引っ込み思案型：集団のなかにいるものの、消極的でかかわろうとしない傾向がみられる。

②孤立型：仲間集団に所属せず、常にひとりでいる。

③緘黙型：学校内ではまったく話をしない。「場面緘黙」の児童生徒は、学校では会話せず、家では話すなど、場面に応じて変わることがある。

④対人恐怖型：集団場面に恐怖を感じ、とくに他者が自分をどのように思っているのかを不安に思う。

このような集団にとけこみにくい児童生徒の背景の要因として考えられることは、人と関わる場面での過度の不安や緊張です。過去の「うまくいかなかった」「恥ずかしかった」体験から、「失敗したらどうしよう」と不安が生まれ、どうしてもほかの生徒との交流を積極的・自主的にやりにくくなってしまうのです。

もうひとつは、ソーシャルスキル（社会で生きていくためのさまざまな技能を指します）の獲得と実行の機会の不足によるものです。家庭でソーシャルスキルの獲得ができていないことや、スキルを用いた時、周囲からのフィードバックが得られないような家庭環境・学級の雰囲気などの場合、そのようなことが起きます。

これらの集団にとけこみにくい生徒への支援の要点としては、第１に不安・緊張を緩和する、第２に本人にソーシャルスキルを教え、練習させる、第３にまわりの子どもたちに遊びへの誘い方のスキルを教えることなどがあげられます。

■■ 6. 不登校への対応チェックリスト（教師用）の活用 ■

よかれと思って試みていることでも、不登校児童生徒本人のニーズや回復段階、家庭環

表7-4　不登校への対応チェックリスト（教師用）（小澤，2006をもとに作成）

チェック項目
① 休み始めたきっかけを知っている。
② 休み始める前の欠席状況を知っている。
③ 電話で様子を尋ねている。
④ 家庭訪問をしている。
⑤ 電話や家庭訪問をしていいか事前に確認している。
⑥ 朝迎えに行っていいか様子を判断したり、事前に家庭に確認してから迎えに行っている。
⑦ おたよりや学習プリントを届けていいか確認してから届けている。
⑧ 友達に電話させていいか確認してから、電話させている。
⑨ 友達に遊びに行かせていいか確認してから、遊びに行かせている。
⑩ 電話や家庭訪問をした時に、本人や家庭に問題があるような言い方をしていない。
⑪ 電話や家庭訪問の時、学校に来なければ将来がない、というような言い方をしていない。
⑫ 度々電話や家庭訪問しても効果が現れなくても嫌気がさしていない。
⑬ 子どもや家庭に、一緒に考えていきましょうと励ましている。
⑭ 子どもや家庭が何を望んでいるか折に触れ確認している。

境に合ったものでないと行き詰まることがあります。担任の先生がそのような時に自分の方針や行動をふり返る際に有用なのが、教師用の不登校への対応要因チェックリストです（表7-4）。

■■■ 7. ま と め ■

　不登校生徒への理解と対応は、学校要因、家庭要因その他多様な要因からなること、また急激に起こっているのか慢性化しつつあるのかという段階をふまえつつ、当該生徒にとってもっとも適切な対応を個々に編み出すことが重要です。その際、チェックリストを有効に活用することで、教師自身が自分の判断や行動が的確であるかどうかについても、確認を行うことが大切です。

■ ワーク7-3　不登校生徒の気持ちを理解するワーク

ロールプレイ脚本

　不登校気味のはな子さんが4時限目に登校してきたところ、担任のA先生が声をかけました。はな子さんは前の晩遅くまでDVDを見ていて朝起きられなかったようです。

先生A：「あれ！君来ていたのか。今頃来て。なんだ、夕べも遅くまでゲームしていたんだろう。」

はな子：「違います。ゲームなんかしていません。」

先生A：「どうせDVDかなんか見ていて夜更かししたんだろう。」

はな子：「……。」

先生A：「ほーら、当たっただろう。何だ、その顔つきは。図星だから何も言えないんだな。ほら、早く教室に入れ。」

　はな子は走り去る。

はな子の心のなかの声「A先生はいやなやつ。なぜいやなことばかり言うんだろう。せっかく遅刻してまで登校してきたのに……いやなこと言われるなんて。もう明日から登校しない！」

　はな子さんがやる気を起こし、また登校したいと思うような会話を考えてみましょう。

脚本作成

　不登校気味のはな子さんが、4時限目に登校してきました。はな子さんは前の晩遅くまでDVDを見ていて朝起きられなかったようです。

先生B：

はな子：

先生B：

はな子：

先生B：

はな子：

先生B：

ロールプレイの方法および手順

（1）２人組みになる。

（2）先生役、はな子さん役（必要に応じてたろう君役）を決める。

（3）先生役は自分が書いたセリフを読み、はな子さん役は先生役が書いた台本を演じる。

（4）役割を交代して（3）を行う。

（5）お互いの感想を言う。その際次の３点についてそれぞれ考えるようにする。

① 先生からのどんな声かけがうれしかったか？

② はな子さんのどんな気持ちを想像して声をかけることが必要か？

③ 先生がはな子さんに伝える必要があることは何か？

‖ 推 薦 図 書

森田 直樹（2011）．不登校は１日３分の働きかけで99％解決する　リーブル出版：不登校児や保護者への具体的なかかわりやサポートが書かれています。

【引用・参考文献】

学校不適応対策調査研究協力者会議（1992）．登校拒否（不登校）問題について——児童生徒の「心の居場所」づくりを目指して——

伊藤 美奈子・相馬 誠一（編）（2010）．グラフィック学校臨床心理学　サイエンス社

宮前 理（編）（2014）．カウンセリングを教育にいかす　八千代出版

文部科学省（2023）．令和４年度児童生徒の問題行動・不登校等生徒指導上の諸課題に関する調査結果について

文部省（1989）．学校基本調査

西川 隆蔵（2014）．教育相談基礎論——学校での教育相談活動の方法と実際——　関西学院大学出版会

小澤 美代子（編）（2006）．タイプ別・段階別　続　上手な登校刺激の与え方　ほんの森出版

田中 和代（2005）．教師のためのコミュニケーションスキル——毎日のストレスを減らしましょう——黎明書房

Column 5. 不登校生徒の居場所

　不登校の生徒が、社会経験・対人関係の不足という共通の課題を克服するために安心できる場で、対人関係のスキル等を育むことが居場所の目的です。東京都の特別支援通級指導学級（不登校生徒対象）は、不登校生徒が在籍校に籍を置いたまま通級することが可能です。週5日の時間割に沿った授業があり、学級は子どものありのままを尊重するあたたかい雰囲気です。教育の方法としては、生徒の知識や技術の習得・向上よりも、その生徒の興味や関心、ペースがまずは大切にされています。

　不登校生徒の居場所にはほかにも適応指導教室や民間のフリースクールがあります。2017年に、教育機会確保法が施行され、子どもが自立するためのさまざまな道筋を提供していくことが求められています。

＊事例　あい子さん（中学3年生女子）

　あい子さんは中学入学時より不登校で、1年次の夏に他校の通級指導学級（不登校生徒対象）に入級しました。入級後は、通級は週1、2回程度にとどまっていました。あい子さんは「自分の思うように完璧に物事を成し遂げたい」という思いを抱いており、その構えがあい子さん自身の行動を不自由にしているように思いました。学級日誌などは書かず、担任との面接も拒否していました（在籍校では提出物が出せない）。まずはあい子さんが興味をもてることをあい子さんのペースでできるようにかかわりを続けました。あい子さんは、1年半をかけて自宅で飼っている九官鳥をアートグラスという作品に仕上げ、文化祭に出品し自信をもちました。

　3年生になったあい子さんは少しずつ自分のできる表現の幅を広げ、文化祭に向けた共同制作を通じてクラスのリーダー的役割を果たすようになり、毎日通級するようになりました。制作中、「完璧な作品を作りたい」という自分の思いと、「クラス全員で仲良く作品をつくりたい」という思いとのあいだで葛藤がありました。しかし自分の思いと折りあいをつけつつ、クラスメートと作品を完成させることができました。

　その後、個人作品の制作や授業以外でも、自分の思い通りにいかなくとも、ほどほどのところで歩み寄り、さまざまなことに折りあいをつけつつ行動するようになりました。あいこさんはやがて希望する高校に入学し、いきいきとした学校生活を送るようになりました。

【引用・参考文献】

齋藤　ユリ（2005）．学校心理臨床と集団描画療法　臨床描画研究, *20*, 56-72

Column 6. 不登校対策「COCOLOプラン」

　文部科学省では2022（令和4）年度不登校児童生徒数が過去最多になったことを受けて、安心して学ぶ事ができる「誰一人とり残されない学びの保障」に向けた「COCOLOプラン」を実施しています。その概要は

①不登校の児童生徒全ての学びの場を確保し、学びたいと思った時に学べる環境を整える

②心の小さなSOSを見逃さず、「チーム学校」で支援する

③学校の風土の「見える化」を通じて、学校を「みんなが安心して学べる」場所にする

となっています。

【引用・参考文献】

文部科学省（2023）．誰一人取り残されない学びの保障に向けた不登校対策（COCOLOプラン）について
　　2023年11月4日閲覧

いじめの被害者・加害者への理解と対応

　子どもたちは皆、学校で学ぶ権利をもっています。しかし、いじめはその権利を奪います。いのちを奪うことにつながることさえあります。またいじめを受けたことによる心の傷は、長いあいだ被害者を苦しめることになります。一方で子ども社会でのいじめは、おとな社会のひずみの現れともいえ、いじめの加害者もまた、現代社会の被害者であるかもしれません。本章では、学校という教育の場で、いじめによって辛い思いをする子どもたちを減らすためにどのような取り組みが可能かを考えていきます。

■■ 1. わが国におけるいじめ対策─「いじめ防止対策推進法」とその後の対策

　わが国では 1970 年代後半からいじめを苦にした 10 代の子どもたちの自殺が頻発し、当時の文部省は学校での指導の徹底を求めていました。そのようななかで、1986 年に東京都中野区の中学校で、いじめられた挙句に「葬式ごっこ」の対象とされて自殺に追い込まれた鹿川裕史君の事件が起きました。葬式ごっこには担任教師も加わっていたということもありマスコミなどでも大きく取り上げられ、いじめが大きな社会問題となりました。しかし具体的な対応策は十分にとられないまま、1994 年には、愛知県の中学生、大河内清輝君が、一見仲良くやっているようにみえるグループ内で「パシリ（使いっ走り）」として使われ、長期にわたって 100 万円以上もの現金を巻き上げられて自殺するという事件が起きてしまいました。大河内君が長文の遺書を残していたため、卑劣ないじめの実態が明らかになり、再び学校でのいじめ対策の必要性が叫ばれるようになりました。しかしこの後、1995 年には、いじめを苦にしたと思われる児童生徒の自殺が全国紙に報道されただけでも 1 年間に 15 件に上り、1996 年は 10 件、1997 年は 9 件と続きました。

　このような事態や増加し続ける不登校の問題を受けて、それまでなかなか実現しなかった臨床心理士などをスクールカウンセラーとして公立学校へ配置する施策が、急遽 1995年から試験的にスタートしてその後制度化され、年々拡充されました。しかしその後も、2005 年の北海道滝川市の小学 6 年生女子の事件など、被害者の自殺という事態が起こるまで教師がいじめに気づいていなかった事例や、気づいていても適切な対応をしていなかった事例が毎年のように生じ続けてきました。そして 2011（平成 23）年には大津市の中学2 年生男子が自殺し、当初教育委員会は「生徒へのアンケートの結果、いじめの事実は確認できなかった」と発表していたものの、翌年になって、実はそのアンケートに、亡くなった生徒がいじめられているのを見たことや担任も知っていたはずだということが書かれ

た回答が多数あったことが明らかになりました。大津市教育委員会は批判にさらされ、学校や教育委員会の隠蔽体質や、いじめ防止への取り組みが相変わらず不十分であることに対して厳しい批判の目が向けられました。生徒の父親への損害賠償を求められた大津市は、生徒の安全への配慮を怠った責任を認めて謝罪し原告と和解しましたが、大津市長はこの問題への反省から、文部科学省に対して、申告や相談がなくても教職員がいじめの発見と防止に積極的に関わる責任を法律などで明確にすることを求める要望書を提出しました。

　これを受けて 2013（平成 25）年 6 月、**いじめ防止対策推進法**が成立、同年 9 月から施行されるに至りました。これは**いじめの防止**、**いじめの早期発見**および**いじめへの対処**についての国や地方公共団体、そして学校や保護者、みんなが責任をもって取り組まなければならないということを具体的に定めた法律です。このなかで**いじめ防止基本方針**を学校ごとに策定することが義務づけられました。また自治体でも策定することが努力義務とされ、全都道府県が独自の地方いじめ防止基本方針を定めています。

　このように学校でのいじめ防止対策は強化されてきていますが、いじめの認知件数は、その後も増加の一途をたどっています。図 8-1 は国内のすべての小～高等学校を対象とした調査（文部科学省，2023a）におけるいじめの発生率の推移ですが、令和 2 年度は新型コロナ感染症の影響で休校になった期間があったために減少したものの、その後は再び増加しています。教師による早期発見の努力によって、認知される件数が増加しているという面もありますが、とくに小学校低学年で急増しており、社会性や自己コントロールの力が未発達な児童が年々増加していることも否めません（コラム 7 参照）。

　また、いじめ防止対策推進法第 28 条第 1 項第 1 号に規定されている「重大事態」（いじめにより児童等の生命、心身又は財産に重大な被害が生じた疑いがある）の発生件数の全学校の総数が、2019（令和元）年度には 298 件だったものが、令和 4 年度には 448 件に増加しており、これを受けて令和 5 年 10 月、国はいじめ重大事態化を防ぐための早期発見・早期支援の強化や、重大事態に至るケースの分析や調査に関するガイドラインの改訂等を実施する緊

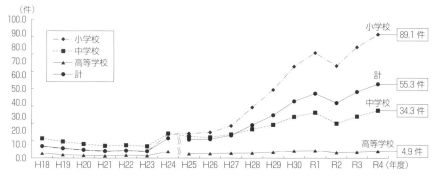

図 8-1　いじめの認知（発生）率の推移（1,000 人当たりの認知件数）（文部科学省，2023a）

（注 1）特殊教育諸学校、国私立学校を含む国内の小・中・高等学校を調査
（注 2）平成 25 年度からは高等学校に通信制課程を含める。

急対策を打ち出しています（文部科学省．2023b）。そこでは、学校いじめ対策組織にスクールカウンセラーやスクールソーシャルワーカー、スクールロイヤー、スクールサポーター等の外部専門家を加えることで組織的に対応することが重要であるとしています。

■ ■ワーク8−1　「自分が見たことのあるいじめ」についての分かちあい

　4〜6人グループになって、小・中・高校でこれまでに関わった、あるいはクラス内や学校内で見たことのあるいじめについて分かちあってみましょう。直接の被害者・加害者だった場合は、話すことが辛くない範囲で話すか、話さないことを選択しても良いです。

■■ 2. いじめとは何か ■

　わが国におけるいじめ研究の第一人者で、いじめの国際比較研究等も行っている森田（2010）は、1985年より一貫して次のように定義しています。

表8-1　いじめの定義（森田．2010）

> いじめとは、同一集団内の相互作用において優位に立つ一方が、意識的に、あるいは集合的に他方に対して精神的・身体的苦痛をあたえることである。

　この定義について森田（2010）は次のように解説しています。まず、「同一集団内の相互作用において」というのは、ほとんどが学校という集団内で起こっているということや、特定のグループのなかで逃れられない立場に相手を置くことでいじめが進行する場合があることなども含んだ表現だとしています。「優位に立つ一方が」というのは、いじめの本質には「力関係のアンバランスとその乱用」という要素があるため盛り込んだとしています。ここでいう力とは「他者に対する影響力」ということで、能力、人気度、集団内の役割、社会階層、腕力、人数など何かしらで力関係に差があり、それを利用して相手に苦痛を与えることがいじめだということです。力関係に差がない同士でやりあうのは「喧嘩や口論」であり「いじめ」ではないといえます。また、「意識的に、あるいは集合的に」としたのは、いじめるつもりではなかったと主張する**加害者**も多いですが、そのなかには集団で行動しているがために**群集心理**が働いてみんなでいじめてしまうケースも多いためとのことです。「精神的・身体的苦痛をあたえること」としているのは、いじめを加害行為の有無ではなく、被害を受けた人の被害感を第1にいじめの要件とするということ、また身体的苦痛は怪我が治れば治まることが多い一方、いじめられたことによる精神的な苦痛は長く残り、後々まで心の傷が残ってしまうこともあるため、「精神的」という言葉を前に出したと森田（2010）は述べています。また「あたえること」としているのは、加害者の行為責任を明確にし、加害行動によって被害感情が起こったということを明確にするための表現だとしています。

別の定義をみてみましょう。文部科学省は、全国の国立・公立・私立の小学校から高等学校を対象に**児童生徒の問題行動・不登校等生徒指導上の諸課題に関する調査**を毎年実施しています（平成27年度までの調査名は「児童生徒の問題行動等生徒指導上の諸問題に関する調査」）。そのなかで、各学校で把握しているいじめの件数も調査し、**いじめの認知件数**として発表しています。2005（平成17）年の調査までは「いじめの発生件数」として発表していましたが、あくまでも学校が把握できた数で、発生したけれども学校が見落としているいじめもあるということで、「認知件数」というように2006（平成18）年度から変わりました。2006（平成18）年度から2012（平成24）年度までの調査で用いられていたいじめの定義は次の通りです。

　「当該児童生徒が、一定の人間関係のある者から、心理的・物理的な攻撃を受けたことにより、精神的な苦痛を感じているもの。なお、起こった場所は学校の内外を問わない。」

　そして、「いじめ防止対策推進法」が2013（平成25）年に施行され、その第1章第2条では、いじめが次のように定義され、調査もこの定義に基づいて行われています。

表8-2　いじめの定義（いじめ防止対策推進法）

児童等に対して、当該児童等が在籍する学校に在籍している等当該児童等と一定の人的関係にある他の児童等が行う心理的又は物理的な影響を与える行為（インターネットを通じて行われるものを含む。）であって、当該行為の対象となった児童等が心身の苦痛を感じているものをいう。

　前述した森田の定義と比較して、いじめ防止対策推進法で定められている定義をみてみると、「力関係のアンバランス」という要素が入っておらず、森田の定義に比べてかなり幅が広いということがわかります。「いじめ防止対策推進法」では、この子の訴えはいじめの定義にあてはまらないから対応する必要はないと考えられて放置されるようなことがないよう、いじめが最大限に広く定義されています。周囲のおとなが日頃から子どもたちの様子に注意を払って早期にいじめのサインに気づき、いじめが本格化するのを防止するための対策を怠らないようにすることが重要だからです。厳密な意味ではいじめとはいえない事例も含む可能性がありますが、心身の苦痛を感じている子どもがいるのですから、何かしらの対応が必要なのです。一方、ここで気をつけなければならないのは、いじめのつもりはないのに広い定義にあてはめていじめをしたとされて、一方的に責められて傷つく子どもが出ないようにすることです。場合によっては、いじめっ子としてレッテルを貼られた子が、みんなに責められ、今度はその子がいじめられるということも起こります。誰かを悪者にすれば問題が解決されるわけではありません。周囲のおとなは**被害者**を守り支えると同時に、加害者に対しても、ただ責めるだけではなく、被害者の気持ちや立場を理解した上でいじめをやめるよう丁寧に指導し、いじめをしてしまう子どもの背景を理解する努力をし、必要な支援を行うこと、そしていじめが**人間関係の病理**であって、加害者ひとりの責任とはいえない場合が多々あることを忘れずに対応することが大切です（本章第5節参照）。

■■ 3. いじめの態様 ■

みなさんの周囲では、どんないじめがあったでしょうか。文部科学省の調査（表8-3）からは、からかい、遊ぶふりをして叩かれるなどの割合が高いことがわかります。いじめを早期に発見するには、これら「ふざけ」や「じゃれあい」として見落としてしまいがちな行為もいじめかもしれないということを念頭に置いて対応することが大切です。また、パソコンや携帯電話等を通してのいじめは、学校種別に見ると、年齢が上がるほど多くなっていることがわかります。また、過去の調査と比べて増加しています。

表 8-3　いじめの態様（令和 4 年度） （文部科学省, 2023a）

区　分	小学校	中学校	高等学校	特別支援学校
冷やかしやからかい、悪口や脅し文句、嫌なことを言われる。	56.4%	62.0%	59.4%	46.6%
仲間はずれ、集団による無視をされる。	12.2%	9.0%	15.9%	6.5%
軽くぶつかられたり、遊ぶふりをして叩かれたり、蹴られたりする。	25.7%	14.3%	8.4%	23.5%
ひどくぶつかられたり、叩かれたり、蹴られたりする。	6.8%	5.5%	3.0%	5.4%
金品をたかられる。	0.9%	0.9%	2.1%	1.1%
金品を隠されたり、盗まれたり、壊されたり、捨てられたりする。	5.5%	5.0%	4.3%	3.5%
嫌なことや恥ずかしいこと、危険なことをされたり、させられたりする。	10.3%	8.5%	7.0%	13.2%
パソコンや携帯電話等で、誹謗中傷や嫌なことをされる。	1.8%	10.2%	16.5%	8.6%
その他	4.6%	3.5%	7.5%	8.7%

(注1) 複数回答可とする。1件のいじめであっても、複数の態様に該当する場合には、それぞれの項目に計上。
(注2) 構成比は、各区分における認知件数に対する割合。

また、内藤・荻上（2010）は、いじめを仲間はずれにする「排除系」、奴隷にする「飼育系」、殴る蹴るの「暴力系」、シカト・悪口の「コミュニケーション操作系」に分類しています。第1節でふれた大河内君は「飼育系」のいじめを受けていたといえるでしょう。一見仲が良いようにみえるグループのなかで実はいじめられていて、そのグループを離れたくても脅されていて離れられない、あるいは他に入れるグループがなくて孤立してしまうのが怖くて離れられない、ということもしばしばあります。本人がいじめられているということに気づいていない（辛い思いをしながらも、外に助けを求めるべき状況だと気づいていない）ことや、気づいていても認めたくなくて誰にも言えずにいるということもあるので注意が必要です。

■■ 4. 見えにくいいじめ ■

被害者が自殺にまで追い込まれるという最悪の事態が起きて、はじめて学校や親がその子がいじめられていたことを知るということもしばしば起きています。いじめが周囲のおとなに見えにくいのは、いじめというものが表8-4のような特性をもっているためと考えられます。被害が小さいうちに早期に発見して適切に対処できるように、次にあげるいく

76

つかのワークを通していじめについて具体的に考えてみましょう。

表 8-4　いじめが見えにくい理由

・子どもは親に心配をかけたくない。
・子どもは自分がいじめられているということが惨めで恥ずかしいと感じていて言えない。
・子どもは自分がいじめられていると認めたくなくて、そのうち事態は良くなるだろうと思ってしまう。
・加害者が「お前が○○したからいけないんだ」「お前がのろまだからいけないんだ」などと言っていじめを正当化した場合、被害者も自分が悪いと思ってしまい、いじめられたと訴えられない。
・仲が良いように見えるグループのなかでいじめられ続けている「飼育型」（内藤・荻上，2010）のいじめも多い。
・クラスや部活などで、全体で良い結果を出そうとするあまりに、そこで十分貢献できていない子をしごいたり、責めたりといったこともいじめだが、正当な目的をもっているだけにいじめだとは見られにくい。
・いじめに気づいた子どもも、自分がいじめられることを怖れて止めに入ったりおとなに言ったりできない。
・近年はインターネット上でのいじめが急速に増加しており、これまで以上にいじめが見えにくくなっている。

■ ワーク8−2　　いじめについて想像してみる

1. いじめっ子についてのお話を作ってみましょう。学校をどう見ているのか、家庭をどう見ているのか、想像してみましょう。本人の目を通してでも良いし、家族や友人や第三者として書いても良いです。

2. あなたが学校でいじめられていると想像し、いじめられた日の日記を書いてみましょう。いじめのことだけでなく、学校に関するほかのことがらについての思いなども書いてみましょう。

■■ 5.　いじめの四層構造 ■

　次にいじめの構造についてみてみましょう。学校で起こるいじめの多くは、加害者と被害者だけで成り立っているのではなく、図 8-2 のように、「被害者」・「加害者」のまわりに、加害者をはやし立てて一緒にいじめを楽しむ「**観衆**」と、いじめに気づいていながら見て見ぬふりをする「**傍観者**」がいる四層構造になっています（森田，2010）。観衆は加害者を支援していることになりますが、一見関係ないように見える傍観者も、止めようと

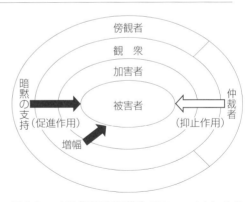

図 8-2　いじめ集団の四層構造（森田，2010 をもとに作成）

しないということは、実は暗黙のうちに加害者を支持していることになるのです。いじめを止める「**仲裁者**」がいると良いのですが、図 8-3 でもわかるように、日本では中高生になると仲裁者は減少し傍観者が増えてしまっています。しかし、2009（平成 21）年度の調査時に小学生 14.1％、中学生 21.8％、高校生等 25.8％だった「別に何もしない」は 2014（平

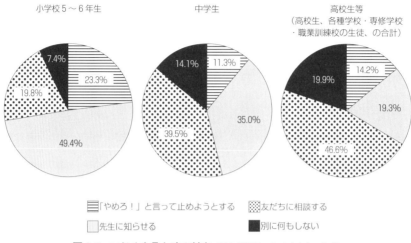

図 8-3　いじめを見た時の対応 （厚生労働省，2016 をもとに作成）

成 26) 年度には減って、逆に「先生に知らせる」は増えてきており、学校のいじめへの取り組みの成果が現れつつあるといえるのかもしれません。

■■ 6. いじめ防止のためにすべきこと ■

　いじめられる期間が長引けば長引くほど、心の傷は深くなり、被害者の自己嫌悪と無力感は強まってゆき、「いじめから逃れるにはみずから命を絶つしかない」と思い込んでしまうほどに追い込まれてしまいます。早期発見が重要です。放置はできません。いじめられている子どもが自力でいじめを止めさせることは非常に難しいのです。

　どんな子でも、いじめられる可能性はあると思って、一人ひとりを、またグループの様子やクラス内の人間関係を、注意深く観察する必要があります。担任以外の教師や、保護者など、できるだけ複数のおとなが協力して子どもの様子を見るようにしましょう。学校全体でいじめ防止に取り組み、学校に「いじめは NO」という風土を作ることが重要です。

　いじめの抑制には仲裁者を増やし傍観者を減らすことが有効です。そのために、教師は折にふれていじめの構造について児童生徒に話し、次のようなメッセージを伝えましょう。

　・自分たち教師は常に被害者や仲裁者の味方であり、いじめや故意に人を傷つけるようなことは許さない。

　・いじめがあったら担任でもほかの先生でも良いので教師やスクールカウンセラーに相談してほしい。

　・被害者の話をよく聴き、被害者がどうしてほしいか本人と相談した上でその後の対応をしていくので、安心して相談してほしい。

　担任教師は日頃から児童生徒への個別の声かけや面談などを行い、児童生徒とのあいだ

に信頼関係を作りましょう。

　早期発見には**アンケート調査**も有効です。文部科学省（2023a）の調査によると、2022（令和4）年度のいじめ発見のきっかけのうちもっとも多かったのは「アンケート調査など学校の取組」で、51.4%で、次に多かった「本人からの訴え（18.1%）」「本人の保護者からの訴え（11.8%）」「学級担任が発見（10.6%）」などと比べて圧倒的に多くなっていました。いじめを見て見ぬふりをしている傍観者の多くは、自分が先生に告げ口をすると今度は自分がいじめられるのではないかと恐れて、何も言えずにいますが、匿名のアンケートになら率直に書ける可能性が高く、発見につながるのです。また記名式のアンケートには、即時の介入が可能という利点があるので、目的に応じて使い分けることが有効です。

　授業で**構成的グループ・エンカウンター**（第14章第1節参照）を取り入れるなどして、いつも一緒にいるグループの仲間とだけではなく、さまざまなクラスメートとお互いの物の見方や感じ方、価値観などを分かちあうことによって、相互理解や信頼関係を深めることも、いじめのないクラス作りに有効です。また第14章第5節の**アサーショントレーニング**や第6節の関係性攻撃への対処の各種ワークも活用できるでしょう。

　また、おとながいじめのきっかけを作ってしまうこともあるので注意しましょう。たとえば教師が保護者から受けた児童生徒についての相談内容を気軽に皆の前で言ってしまったり、「こんなこともわからないのか」などと馬鹿にしたような言い方をしたり、ネガティブなニュアンスのニックネームをつけたりしたために、その生徒がいじめられるようになるということも少なからず起きています。また保護者が別の児童生徒の家庭について差別的な発言をしたりすることも、その児童生徒がいじめられる原因となることがあります。

■■ 7. ネット上のいじめ

　近年急増しているインターネットを通してのいじめにも対策を講じる必要があります。ネット上のいじめには、掲示板・ブログ・口コミサイト・オンラインゲームのチャット・SNSなどへの誹謗・中傷の書き込みや個人情報や写真の無断掲載、などさまざまなものがあります。SNSで偽のアカウントを作っていじめのターゲットになりすまして投稿するなりすましの被害も多くなっています。これらはすべて加害者の匿名性が確保されているため、普通では言えないようなひどいことや根も葉もない作り話をネット上に書き込みやすく、それが短時間で際限なく拡がっていくという特徴をもっています。そのため被害者はまわりの人に対して疑心暗鬼になってしまったり、クラスメート全員に嫌われていると思い込んでしまったりして、不安・混乱・恐怖に陥れられることになります。なりすまして誹謗・中傷を送られた被害者が、その発信者としてなりすまされた友人を報復のために複数でいじめて、いじめの加害者になってしまうこともあります。

　周囲のおとなは、ネット上のいじめが多発していることを念頭において、スマホやパソ

コンに向かっている時の子どもの表情に注意を払い、嫌なことをされた場合にはおとなに相談してほしいと日ごろから伝えておくことが大切です。いじめが続き、学校の対応だけでは解決できない場合には、警察や法務局・地方法務局に相談することも有効です。誰でも簡単に加害者にも被害者にもなりうるため、日頃から全校児童生徒に対して事例などをあげて指導をすることが大切です。詳しくは、文部科学省が「『ネット上のいじめ』に関する対応マニュアル・事例集（学校・教員向け）」を作成し、HPに公開しているので参考にしてください。教師が行う情報モラル教育の充実とともに、ホームルームや児童会・生徒会等で議論しながら児童生徒が主体的にルールを決めることも効果的です。

なお、ネットはいじめの道具として使われてしまう一方で、子どもたちがSNSを多用している現状に合わせて、SNSを活用したいじめ対策も盛んになっています。平成30年度厚生労働省補助事業でSNS相談事業のガイドラインも作られ、多数の自治体がSNS相談を取り入れています。緊急の相談への対応には限界があるものの、コミュニケーションが苦手な子どもでも相談しやすいため間口が広がること、また相談の履歴が残ることや、複数の専門家で対応したり、関係機関につなげやすいといったメリットがあります。

■■ 8. いじめの被害者・加害者への支援 ■

多くの被害者は、おとなに相談しても力になってもらえないのではないか、かえっていじめが悪化するのではないかという不安をもっています。いじめを止めることができるかどうかは、日頃から児童生徒が担任、担任以外の教師、スクールカウンセラーなどに気軽に安心して相談できる風土ができているかどうかにかかっているともいえます。表8-5に被害者への支援のポイントをまとめました。学級担任がひとりで抱え込まず、学校全体で

表8-5　いじめ被害者への支援のステップ

1）信頼関係の構築
　　まず次のようなことを伝え、信頼関係を築く。
・勇気をもって話してくれること、信頼して相談してくれることへの感謝。
・あなたをできるかぎり守ってあげたいので、どうしたら良いか一緒に考えていこう。
・もしあなたに落ち度があったとしても、それでいじめられても仕方がないということは絶対にない。
2）十分に話を聴く
3）本人の希望をできるだけ尊重した上で最善と思われる対応策をともに考え、実行する。
4）フォローアップ
・いじめを乗り越えることによって学んだことを考えさせる。
・勇気をもってみずから解決しようとして相談するという行動をとったからこそ解決したのだということを伝えて**自己効力感**をもたせる。
・嫌なことには「NO」と言うことの大切さ、自分の気持ちや意見を相手に伝えることの大切さを教える。アサーショントレーニング（第14章5参照）はいじめの被害防止にも有効。

表 8-6　いじめ加害者への支援のステップ

1) 面談をする場合、はじめから「君はいじめをしているが……」と話を出すよりも、「最近学校はどうかな？楽しい？」などと問いかけて様子を聞くことから始めた方が、防衛的にさせずに良い面談ができることが多い。

2) イライラしていたり、自信がなかったりすると誰かをいじめたくなってしまうことがあるが、そういうことはないかと尋ねる。そして誰かをいじめているということを耳にした（またはアンケートに書かれていた）ということ、力になりたいということを伝える。

3) いじめではなくふざけていただけだなどと言う場合には、いじめであろうとなかろうと、相手がいかに辛い思いをして苦しんでいるかということをできるだけ具体的に伝えて、相手の気持ちを思いやれるように援助する。伝えたことをきちんと理解しているか確認しながら、いじめられている子の気持ちを考えさせる。

4) 「いじめられている方にも悪いところがあるからいじめられても仕方がない」といういじめの正当化には決して同意しない。「たとえ悪いところがあってもいじめられて良いということはない」ということを毅然として伝える。

5) その上で、いじめという行動に駆り立てる、怒り・妬み・嫌悪などの不快な気持ちを言葉で表現するように促す。「私の場合はこういう時にこのような気持ちを感じることがある」などと自分の体験を話すこと（自己開示）も児童生徒の感情表現を促すために有効である。表現されたことは否定せずに受け止め、その背後にある思いや願い（相手に変わってほしい、部活で成果を上げたい等）も表現させ、受け止める。

6) 不快な感情への対処の仕方を具体的に見つけられるよう援助する。ストレス発散のために本人にできそうなことをともに探る。怒りをコントロールして、いじめたい衝動を抑えるために、アンガーマネジメントのワーク（第14章6参照）を実施することも有効である。

7) いじめは学級や学校全体の人間関係のダイナミクスによって起こっている。いじめの再燃やあらたないじめの発生を抑えるために、加害者だけでなく学級や学校全体でいじめやストレスについて考えさせる機会をもつ。

取り組むこと、また保護者ともこまめに連絡を取って協力体制を作ることが大切です。

　加害者に対しても、ただ叱責すれば良いということではありません。支援のポイントを表8-6にまとめました。よく話を聴いて背景の理解に努め、再びいじめの加害者になることがないように支援しましょう。学級担任だけでなく、当該児童生徒に関わるすべての教師と保護者が連携すること、また1回の支援や指導で終結とせずに、随時フォローアップをし、見守り続けることが大切です。

■■■ ワーク 8-3　いじめへの対応（中学2年生男子の事例）

　あなたは中2のクラス担任です。新学期が始まって1ヵ月ほどたった頃、あなたのクラスの男子、あきら君は、毎朝頭痛や腹痛を訴えて学校を遅刻したり、たまに休んだりもするようになりました。ちょうど保護者の個人面談が行われており、あきら君の母親から次のような話を聞くことができました。

　「学校行きたくないなあ……」とつぶやきながら、毎朝暗い表情で登校しているあきら君を見て、

母親は学校で何かあったのではないかと心配になり本人に聞きましたが、あきら君は「別に」と答えるだけでした。しかし数日後に学校を休んだ日にもう一度聞くと、あきら君は重い口を開いて次のように言いました。「実は数人のクラスメートから嫌なことを言われ続けている。通りすがりに『消えろ！』と言われたり、少し離れた後ろの方から『うざいんだよなあ』などと聞こえるような声で言われたりする。すごく嫌だけど解決しようがない。先生に言ったら事態は余計悪くなるだけだと思う」。

　あなたは、これはいじめだから指導が必要だと考えました。実は数日前にはまさし君の保護者からも次のような話を聞いていました。「まさしはクラスメートから嫌なことを言われるので教室にいるのがとても嫌で、休み時間はいつもほかのクラスの部活の友だちと過ごすようにしていると言っています。誰に言われているのかは言えないし、先生にも言うなと言われているので、まさしには私がこのことを先生に言ったとは言わないでください。ただ、こういうことが放置されているのは良くないのではないかと思うのですが……」。そこであなたはまずあきら君を呼んで話を聞きました。あきら君は嫌なことを言ってくる３人の名前は絶対に言えないと言います。しかし決してあきら君から聞いたとは言わないからという約束で説得した結果、やっとサッカー部に所属する３人の名前を聞き出すことができました。クラスでもいつも一緒にいて、かなり目立つ存在の３人組です。あなたは「これを放置するわけにはいかないので、あきら君の名前はあげずに３人を指導しようと思う」とあきら君に伝えましたが、あきら君は「余計あいつらに目をつけられる気がする……」と不安そうに言います。

　さて、あなたはこれから担任としてどうしますか？

　1．あきら君に対して

　2．まさし君に対して

　3．サッカー部の３人に対して

　4．クラス全員に対して

　5．その他

ワーク8−4　　いじめへの対応（小学4年生女子の事例）

　これはあなたがある小学校に勤めて１年目のことです。新年度が始まってすぐの頃、あなたは

自分の4年生のクラスの児童、かず子さんが、さち子さんという小柄でおとなしく、軽い学習障害のある女の子のことを時々からかっていることに気づきました。かず子さんはクラスのリーダー的な存在です。ある日次のような場面を目撃しました。漢字の書き取りテストを返却した時、かず子さんがさち子さんのそばに行き、「どうだった？」と言うのです。さち子さんが下を向いて答えないと、かず子さんは「きっとまた0点だったから言いたくないんでしょう」などと言います。テストの点は個人的なことだからほかの人に教える必要はないということをあなたがいくら言っても、同じようなことがその後もしばしばみられました。

　数ヵ月が過ぎたある日、久しぶりに昼休みに校庭に出てみたあなたは、問題が大きくなっていることに気がつきました。さち子さんがほかの4年生の女の子達に仲間はずれにされているのを目撃したのです。よく見ようと近づいた時、あなたはかず子さんがほかの3人の女の子に「内緒だからね！」と言っているのを耳にしました。放課後、あなたはこのなかの一人、まり子さんが掃除当番で残っていたので、「内緒だから」というのは何のことだったのか教えて欲しいと話しました。そして、かず子さんがほかの女の子達と、「さち子さんとは絶対に口をきかない」という取り決めをしているということがわかりました。かず子さんはさち子さんがゲームのルールを守らないことがあるし走るのも遅いので、さち子さんがいると面白くないから仲間はずれにしようと言っているということです。もしうっかりさち子さんと話した子がいたら、その子はかず子さんのグループからはずされてしまうというのです。

　さて、あなたは担任としてどう対応するか考えてみましょう。

1. かず子さんに対してどのように対応しますか？

2. この問題について、学校内のほかのスタッフにどのように協力してもらいますか？

3. 子どもたちの保護者と連絡をとる際、各保護者に対してどのようにアプローチしますか？

4. さち子さんがこれ以上被害を受けずに済むために、どんなことをしますか？

5. さち子さんの自信を取り戻させ、グループの仲間にも彼女の良さをわかってもらうために、どんなことができるでしょうか？

■■ 9. ま と め ■

　いじめは子どもが学校で楽しく学ぶ権利を奪う人権侵害です。できるだけ早期に発見してやめさせることができるよう、日頃から児童生徒の様子、人間関係をよく観察しましょう。児童生徒、教師、保護者を含む学校全体としていじめを放置しないという意識を高め、気になることがあったらいつでも相談や情報交換ができる信頼関係を築くことが大切です。

■ ワーク8-5　　いじめの特集記事作成

　雑誌のいじめに関する特集記事を作成してみましょう。読者層を保護者、中学生、教師、などに絞ってもよいでしょう。読者のいじめへの問題意識が高まるように工夫して書いてみましょう。

‖ 推薦図書・ウェブサイト

森田 洋司（2010）．いじめとは何か──教室の問題、社会の問題　中央公論新社：わが国のいじめ研究の第一人者である著者が、国際比較によって日本社会の特徴といじめの本質を示し、いじめを止められる社会にするために何が必要かを説いています。

文部科学省ウェブサイト「いじめ問題を含む子供のSOSに対する文部科学省の取組」　https://www.mext.go.jp/ijime/index.htm：文部科学省が開設している「24時間子どもSOSダイヤル」0120-0-78310（なやみ言おう）の子ども向け案内や、ほかのさまざまな子どもが相談できる機関のリンク、また「全国いじめ問題子供サミット」の動画へのリンクなど、子どもが相談したいと思った時にアクセスすれば、何らかの助けになる情報が集約されており、児童・生徒に周知したいサイトです。さらに「いじめ問題に関する施策」についてが一覧になったページにもリンクがありますので、いじめ対策を講じるべき教師やカウンセラーにとっても有益な情報が詰まったサイトとなっています。

【引用・参考文献】

厚生労働省（2011）．平成21年度全国家庭児童調査結果の概要
厚生労働省（2016）．平成26年度全国家庭児童調査結果の概要
森田 洋司（2010）．いじめとは何か──教室の問題、社会の問題──　中央公論新社
文部科学省（2008）．「ネット上のいじめ」に関する対応マニュアル・事例集（学校・教員向け）
文部科学省（2023a）．令和4年度　児童生徒の問題行動・不登校等生徒指導上の諸課題に関する調査結果について
文部科学省（2023b）．令和4年度　児童生徒の問題行動・不登校等生徒指導上の諸課題に関する調査結果及びこれを踏まえた緊急対策等について（通知）
内藤 朝雄・荻上 チキ（2010）．いじめの直し方　朝日新聞出版
山崎 鎮親（1999）．新聞報道からみたいじめ自殺事件　教育科学研究会・村山 士郎・久冨 善之（編）　いじめ自殺──6つの事件と子ども・学校のいま　「教育」別冊（10）（pp. 77-80）国土社

hapter

9

非行問題への理解と対応

学校現場でもっとも指導が難しいといわれている問題のひとつに非行少年への対応があります。どの生徒も「まっとうになりたい」「勉強がわかるようになりたい」「将来安定した職業につき、幸せに生きたい」というごく当たり前の希望をもっているにもかかわらず、諸要因によりそれを実現することが難しい場合があります。

教育相談という枠組みにおいても、「相手の話に共感しながら、相手の気持ちを受容する」という方法だけで、非行少年の加害性を抑止することはできるでしょうか。本章では、少年が非行に至る要因と、どのように関わることが非行少年のみならず一緒に学ぶクラスメートや学校の安全を守ることにつながるかいうことについて学習していくことにします。

■■ 1. 非行少年とは

少年法第 3 条には非行少年の定義が表 9-1 のように定められています。また、2022（令和 4）年より民法に定める成人年齢が 20 歳から 18 歳に引き下げられたことに伴い、少年法も改正され、18・19 歳の者にも引き続き少年法が適用されますが、「特定少年」とされ、17 歳以下の少年とは異なる特例（詳細は法務省 HP「少年法が変わります！」参照）が定められました。

これらに加え、非行に至る前段階の行為として喫煙、深夜徘徊、家出、怠学などを不良行為と呼び、広義には少年非行に含まれます。

表 9-1　非行少年の定義（少年法第 3 条より）

犯罪少年	14 歳（刑事責任年齢）以上 20 歳未満で罪を犯した少年。
触法少年	14 歳未満で触法行為（刑罰法令に触れるが、刑事責任に達しないため刑事責任を問われない行為）を行った少年。
虞犯少年	20 歳未満の少年で、その性格または環境に照らして、将来罪を犯すおそれのある少年。以下に示す 4 つのうちいずれかの事由がある者。 ・保護者の正当な監督に服しない性癖のあること。 ・正当の理由がなく家庭に寄り付かないこと。 ・犯罪性のある人もしくは不道徳な人と交際しまたはいかがわしい場所に出入りすること。 ・自己または他人の徳性を害する行為をする性癖のあること。

■■ 2. 少年非行の説明理論

少年非行の背景をより深く理解するために、さまざまな理論があります。以下ではまず

緊張理論、文化学習理論、一般統制理論の基本的特徴をみていくことにします。

　緊張理論とは、不平等な社会的緊張から個々人の心理的葛藤が高まり、非行化を促進する一因となるという考え方です。文化学習理論では、家庭、仲間集団、地域社会において逸脱的な文化（行動様式、思考様式、風俗、習慣）と接触することが非行の原因であると考えます。一般統制理論は、なぜ大半の人が犯罪や非行を行わないかに注目し、その統制要因として、社会的ボンドというキーワードで説明しています。これには5つの要素があり、第1に親や家族などの身近な人や集団に対する愛着や帰属意識を指す愛着（アタッチメント）、第2に日常の日課に打ち込むことで忙殺されることを指す忙殺（インボルブメント）、第3に学業や部活動などに取り組んで努力を重ね、成果を徐々に積みあげてまわりの評価を得、将来の期待がもてることを指す投資（コミットメント）、第4に社会の規範や法律の正当性に信頼をもっていることを指す信念（ビリーフ）です。最後に、内的統制で、個人内に形成される、よい自己概念や自己統制力が該当します。またこれらの理論を統合した考え方や新動向の概況として、子どもの問題行動傾向や非行性が長期的に発展していくことに関心を向けようとする発達的プロセスへの注目、脳科学や行動遺伝学といった生物学的メカニズムを明らかにしようとした生物学的要因への注目が研究されています。

　図9-1で示したように、発達精神病理学的アプローチの枠組みからも問題行動の形成のプロセスを理解することができます。また交流分析の考え方では、人生のストロークにおいて陽性のストロークを求めても得られないので（コラム3参照）、陰性のストロークを求めて非行に走るということが考えられます。

図9-1　問題行動の形成プロセス（菅原，2004を改変）

■■ 3. 非行少年の健康的な側面に着目した支援法 ■

　非行少年にとって強く／正しいと思っている自分に、弱い／正しくない側面があると認めることは耐えがたいことであるため、さまざまな行動化のなかに逃避しているといわれています。そのため、「抑うつに耐える力」を育て、「自分は無力でさびしい存在だけど自分なりに生きていくしかない」と少し嫌われ失敗しながらも希望をもって生きていくという、現実的で地に足の着いた生き方を指し示し、導くようにします。また、その生徒のよいところは認めてサポートしていくことが重要です。ではどのようにサポートすればよいでしょうか？

①**自尊感情の回復：**「自分を大事にしたらいいよ」と自分で自分を大切にすることで、バイクでの暴走や主に女子の性的逸脱行為といった自分を傷つけかねないことがらから身を守るように働きかけます。

②**自己効力感の回復：**非行後に少しでも本人なりに頑張ったところを見つけてほめるようにします。たとえば自分で目覚ましをかけて朝定刻に起きることができた、などです。

③**本人のポジティブな目標の共有：**「まっとうになりたい」「本当は高校に行きたい」などの願いを支持します。

④**課題達成の支援：**学校や地域などで本人が力を発揮できる居場所を見つけられるよう支援します。たとえば部活動、係活動、行事の係、地域におけるスポーツクラブへの参加などです。

⑤**親への支援：**親が少しでも問題を改善し、子どもにとって規律正しい生活リズムを家庭生活のなかで作ることが可能になるように、サポートします。

■ ワーク9−1　スポーツエリートの行き詰まり

　りんたろう君（高校1年生）は、小学4年生からある少年リーグに所属し、5年生の時にはレギュラーに選ばれて対外試合も経験しました。この時、父母は「わが子が輝いて見えた」と言います。中学生になっても上級生を抑えて正選手となるなど、周囲からも期待されていました。ところが高校はスポーツ推薦で入ったものの、思うように試合の成績が伸びません。母校（出身中学校）の監督や父親は「怠けている」と厳しく叱責しました。しかしどうにもなりません。りんたろう君は「誰かに相談すると自分の弱さを見せることになる。それはできなかった」と話します。ある日、いつもの日より早く練習を終えました。「なにかイライラしている」自分がそこにいました。そして同じ部の1年生のふたりと一緒に、気の弱そうな他校生から現金を脅し取ったのです。「久しぶりに自分が優越した気分になってすきっとした」とりんたろう君は言いました。面接では「僕はできる選手だ。恐喝はたいしたことではない」と言い、被害者への配慮はまるでありません。

　（1）りんたろう君は、なぜこのような行動をとってしまったのでしょう？

```



```

　（2）あなたがりんたろう君の教師や親であったら、どのように声をかけますか？

```


※解説はダウンロード🖥
```

■■ 4. 非行少年への面接 ■

　非行少年は、自分に接してくる援助者がどういう人間であるかを瞬時にかぎ分けることがあります。援助者の姿勢として、いろいろな弱点も抱えて人生に喜怒哀楽を感じている等身大の自分を見せて関わっていくこと、カウンセリングでいえば「自己一致」(p.27参照)が重要となります。

　面接においては非行少年の言うことをまずはじっくりと聴くことが基本になります。多くの少年はなかなか本音を言いませんし、被害者を非難したり、言い逃れをしたり、自分勝手な言い分をくり返すかもしれません。それでもカウンセリングでいう「無条件の積極的関心」に近い態度で、その子らしさの「良さ」を見出し大切にして関わるようにすることが大切です。以下にいくつか具体的なカウンセリングの技法を生島（2011）をもとに示します。

(1) 再帰 (reflection)

　面接者が相手の話を丁寧に「なぞる」ように、みずからの胸に相手の言葉をいったん含みこむように考えをめぐらし、ふたたび相手に言葉で投げ返す技法です。さらに、非行少年の「むかつく」などの言葉については、「どういうことがきっかけでそういう気持ちになるのかな？」など児童生徒の体験と絡めながら発言の詳細を明らかにする方法です。

(2) 言葉の表裏を読む

　「あの子はもうだめですかね」と尋ねる保護者に対して、「これまでこんなに苦労して子育てしてきたのに裏切られたという無念さと、そうはいっても親だからどうにか立ち直ってくれるのでは、という気持ちがありますよね」と応答するといった、「そうかもしれないが、反面こういうこともありますよね」というアプローチです。こうすることで一方的に教師の考えを押しつけることなく、「親も教師も一緒に悩む」という一体感を感じさせつつ応対することが可能になります。

(3) 教え、教わり、ともに理解を深める

　「教える」時は、教師側の言葉を本人・家族が「なぞることができる」ようにすることが重要です。たとえば「今日はどんなことを君に伝えたかな」と何を言ったか相手に確認してもらう作業です。もうひとつは「君はそう言うが、私にはそう見えない、思えないな」と相手の混乱や矛盾を非難することなくその子どもがしている行いについて指摘する方法があります。「教わる」時は「あなたのがんばっていることについて教えてほしい」と教えを請う方法です。このような面接方法を具体的に実践することで、相手への強い警戒心から心を閉ざし口をつぐむ傾向にある児童生徒に対して、少なくとも侵襲的でない方法で

つながることができます。

　今、教育に関わる者に求められるのは、一時の熱情でも、それが通用しなかった時の「切り捨てる」ような厳しさでもない、恒常的で安定した子どもとの関係づくりです。また親支援についても、親のもてる力を最大限に引き出し、子どもと向かいあうことを支援していく関係づくりが重要な課題となります。

(4) 面接場面で葛藤体験の乗り越え方の体得

　面接場面でカウンセラーや教師、生徒の心情 "You feel"「あなたはこのように感じている」を十分に聴き、面接者の受け止め方 "I feel"、親や教師、友人の受け止め方 "He (She) feels"、さらには社会の受け止め方 "They feel" と展開していくようにします。

例：「父親からそういわれて、君からすると○○のように受け止めたのかもしれないけど、それを聞いている私からすると××のように思えるな。ひょっとするとお父さんは△△のつもりでいったのかもしれないけど、（本人が憮然としてくるので）君からするとやっぱり○○なのかな」と冷静に子どもと一緒にふり返って考える手法です。子どもは「こういう感じ方、考え方もあるのか」と、違和感を覚えつつも、反発して援助の場からドロップアウトすることを踏みとどまることができるようになっていきます（生島，2011）。

(5) 非行を生徒から打ち明けられた時──守秘義務の考え方

　生徒から「誰にも言わないで」と非行を打ち明けられても、教師がその秘密を抱えこんでしまうと、支援のタイミングを逸することもあります。同時に生徒にはなぜこの話をほかのおとなと共有するのか、きちんと説明することが大切です（浅野，2009）。

■ ワーク9-2　　今いいこと、将来いやなこと

（ワークシートはダウンロード🖥）

　怠学や深夜徘徊などの問題行動が見られた場合、その行動について生徒が客観的に見つめることができるように援助しましょう。非行少年になったつもりで自分が何か問題行動を起こしていると仮定して、ワークシートに、その行動をとることで「今良いこと」「今悪いこと」、「将来良いこと」「将来嫌なこと」を考えて記入してみましょう。その上で今後どうしたいか考えてみましょう。

■■ 5. 再非行の防止 ■

　教師がおだやかに論すように話しても子どもは自分の問題として受け止めないことがあります。「また説教か」とゆがんだ受け止め方をしてしまう場合です。その時はまだ受け止めるだけの準備が子どもの側にないので、本人の学びや身体を動かす楽しさを保証する居場所を学校内外でつくることで、連携をとりながら広い枠組みのなかで多様な職種にあ

る者が関わるようにすると、子どもは良い方向に向かい、再非行防止につながります。

■■ 6. 学校外諸機関との連携 ■ ■

　非行少年は年齢が増すにつれ、単なる学校不適応から暴力との関連が大きくなるといわれています。学校内だけで抱えるのではなく学校外機関との連携が必須です。それは警察や児童相談所などです。主な非行臨床の機関を表9-2に示します。学校がこのような諸機関の専門家からアドバイスを受けることで、非行少年を見離さず「見守る」ことを無理なくできるようになります。また昨今では警察署と学校、地域のパイプ役として「スクールサポーター」（警察署の再雇用職員等）が多くの都道府県で配置されています。

表 9-2　公的な非行臨床機関とその概要 (小林, 1999：法務省, 2018 をもとに作成)

臨床機関	対象となる少年	臨床機関の特徴など
警察の少年相談（警察署の**生活安全課少年係**）	非行や問題行動のある少年、犯罪や非行の被害にあった少年	心理職員などによる保護者を中心とする面接相談のほか、「ヤング・テレホン・コーナー」などの名称による電話相談も行っている。
児童相談所（都道府県、指定都市に義務設置）	問題行動やその恐れのある18歳未満の少年	児童福祉司や心理判定員による調査・診断に基づき、相談のほか、児童福祉司や心理判定員による調査・診断に基づいた相談を行っている電話相談窓口を設けているところもある。**虞犯等相談**（虚言癖、金品持出、浪費癖、家出、浮浪、暴力、性的逸脱など）と**触法行為等相談**がある。
家庭裁判所（地方裁判所に対応しておかれる）	警察で補導・検挙された少年	非行を犯した少年の資質や家族・学校など少年を取りまく環境を調査し、非行事実の認定と少年の処分の決定を行う。家庭裁判所調査官が「保護的措置」や「試験観察」において面接指導などを行っている。
少年鑑別所	家庭裁判所の監護措置の決定により送致された少年	**少年鑑別所**は、(1)家庭裁判所の求めに応じ、鑑別対象者の鑑別を行うこと、(2)観護の措置が執られて少年鑑別所に収容される者等に対し、健全な育成のための支援を含む観護処遇を行うこと、(3)地域社会における非行及び犯罪の防止に関する援助を行うことを業務とする法務省所管の施設である。**鑑別**とは、医学、心理学、教育学、社会学などの専門的知識や技術に基づき、鑑別対象者について、その非行等に影響を及ぼした資質上及び環境上問題となる事情を明らかにした上、その事情の改善に寄与するため、適切な指針を示す。
児童自立支援施設	児童相談所や家庭裁判所の決定により送致された少年	職員が児童と生活をともにし、開放的な雰囲気のなかで生活指導や学科指導を行う。児童福祉法改定（1988年施行）により名称が教護院から変更されたほか、通所による指導や退所後の支援も行われることになった。
保護観察所	家庭裁判所で保護観察に付された少年および少年院を仮退所中の少年	保護監察官とボランティアである保護司が協働し、地域社会との連携により構成を援助する。保護観察期間は原則20歳までだが、更生したと認められた場合は早期に終了する。保護司は地域で非行予防活動も行っている。
少年院	家庭裁判所で少年院送致となった少年	教科教育や職業教育などを行う。収容年齢は原則14〜20歳で、早期に改善の見込まれる者は6ヵ月以内の短期処遇、それ以外の者は原則2年以内の長期処遇を受ける。

■■ 7. ま と め ■

　非行少年への対応に教師は苦慮し、またそのことが学校全体に不穏な空気と緊張をみなぎらせ、いわゆる荒れた学校、教育困難校へと変貌するきっかけを作ってしまうこともあります。しかしながら、教師やおとなが十分に知識とスキルを身につけ、チームワークを高めれば、非行少年を立ち直らせることは決して不可能なことではないのです。

■ ワーク9-3　　対教師暴力を行った中学3年生

　おさむ君は中学3年生の春に、服装の乱れを直すように注意した男性教師（伊藤先生）の胸ぐらをつかみ暴力をふるい、怪我をさせました。家庭や学校のことでイライラしていたところに注意されたので、突発的に暴力をふるったそうです。担任の田中先生と伊藤先生が家庭訪問をしましたが、おさむ君は伊藤先生につかみかかろうとし、祖父母ははじめておさむ君が興奮する表情を見ました。

　おさむ君は成績も良く学習意欲も高い、先生の手伝いもよくする明るい子でした。しかし小学5年生で母と死別したのをきっかけに無気力になり、何をするにも投げやりな態度になりました。おさむ君は実父とは、幼少時におさむ君の母親と離婚して以来会っていません。家族は、祖父、祖母、叔母（母の姉）です。叔母をはじめ家族はおさむ君を不憫に思い、優しくしてきました。おさむ君は家族のなかで本気で叱られたことはありませんでした。学校では、中学2年生になり体が大きくなるとともに、教師の注意に対して反抗的な態度をとるようになりました。また中学3年生になった時に彼の慕っていた叔母が結婚しました。

　おさむ君は家庭裁判所の審判にかけられることになりました。

（1）おさむ君は暴力をふるうことで、何を求めていたと考えますか？

（2）学校内外でおさむ君をサポートするためには、誰が（複数）どのように援助する必要があると考えますか？

　学校内：

　学校外：

■ ■ ワーク 9－4　　万引きをくり返した小学 5 年生

　あつし君は小学 5 年生。万引きが 3 回行われたことで、コンビニから学校に通報がありました。あつし君は、どちらかというと成績も良く経済的に豊かな家庭に育っています。父親ひとり親の家庭であり、母親とは連絡が途絶えているようです。女性のスクールカウンセラーが声をかけると人懐こい笑顔を向ける一方、クラスメートを万引きに誘ったという情報もあります。

---

1. あつし君はなぜ万引きをやめられないのでしょうか。

---

2. あつし君が万引きをやめ、意欲的に学校生活を送るためには、担任教師としてどのような対応が望ましいでしょうか？

【引用・参考文献】

浅野 恭子（2009）．非行問題　藤森 和美（編）学校安全と子どもの心の危機管理──教師・保護者・スクールカウンセラー・養護教諭・指導主事のために──　誠信書房

法務省 HP　少年鑑別所　https://www.moj.go.jp/kyousei1/kyousei_kyouse06.html　2019 年 1 月 6 日アクセス

法務省（2021）．法務省 HP「少年法が変わります！」　https://www.moj.go.jp/keiji1/keiji14_00015.html

生島 浩・磯網 正子（1999）．非行　小林 正幸（編）「実践入門カウンセリング」シリーズ 2　実践入門教育カウンセリング──学校で生かすカウンセリングの理論と技法──　川島書店

小林 寿一（編）（2008）．少年非行の行動科学──学際的アプローチと実践への応用──　北大路書房

小林 正幸（編）（1999）．「実践入門カウンセリング」シリーズ 2　実践入門教育カウンセリング──学校で生かすカウンセリングの理論と技法　p.57　川島書店

河野 荘子（2011）．非行からの離脱とは何か──離脱にいたる心理プロセスモデルの提案　生島 浩・岡本 吉生・廣井 亮一（編）非行臨床の新潮流──リスク・アセスメントと処遇の実際──　金剛出版

生島 浩（2011）．非行臨床モデルの意義と課題　生島 浩・岡本 吉生・廣井 亮一（編）非行臨床の新潮流──リスク・アセスメントと処遇の実際　金剛出版

藤掛 明（2002）．非行カウンセリング入門──背伸びと行動化を扱う心理臨床──　金剛出版

佐々木 光郎（2011）．非行の予防学──思春期の問題行動から見た幼児期の大切さ──　三学出版

文部科学省（2003）．思春期の子どもと向き合うために　第 5 版　ぎょうせい

菅原 ますみ（2004）．前方向視的研究からみた小児期の行動異常のリスクファクター──発達精神病理学的研究から──　精神保健研究　50, 7-15

Column 7. 学校の荒れ

学校の荒れとは、一般に学級崩壊と校内暴力を指します。いずれの問題も社会的状況のなかで起こっているので、本人の指導とともに所属集団（学級・学年・学校）全体の安定を図ることが必要で、何よりも早期発見・早期対応・予防が大切です。学校全体が問題に対する共通の理解をして組織（チーム）として対応します。その際、たとえば厳しい指導が得意な先生が注意をし、生徒の話を個別にじっくりと聴くことが得意な先生が注意された生徒の話を聴きフォローする、養護教諭が日常の相談相手となる、といったように個々の教師が各自の個性を活かした対応をすることが求められます。

1. 学級崩壊

学級崩壊とは「学級がうまく機能しない状態」で「子ども達が教室内で勝手な行動をして教師の指示に従わず、授業が成立しないなど、集団教育という学校の機能が成立しない学級の状態が一定期間継続し、学級担任による通常の手段では問題解決ができない状態に立ち至っている状態」（国立教育政策研究所学校経営研究会, 2000）をいいます。児童生徒の問題、教師・学校側の指導能力・体制の問題が重なって生じます。学級崩壊が生じやすい学年として小1、小4〜6、中1があげられます。小1の場合は小1プロブレムともいわれ、それまで遊ぶことを通して学んでいた幼稚園や保育園から集団の学びの場である小学校という環境の大きな変化に適応できず集団行動をとることができない、授業中に座っていることができない、先生の話を聞かない、などといった学校生活になじめない状態が続くことが要因となります。小4〜6の場合は思春期を迎え、心身が不安定になり反抗期に入ること、昔に比べ児童の規範意識やコミュニケーション能力が低下していること、中学校の受験を目指す児童が塾に通い学校の学習内容を事前に学習済みのため授業に集中できないこと、などの要因から生じると考えられます。中1の場合は近年「中1ギャップ」という言葉にもあるように、これまで学級担任制であった小学校から、教科担任制の中学校という環境の変化、学習内容やクラブ活動、生活リズムの変化、思春期のさまざまな心の揺れから学校生活に適応できないことが要因とされています。昨今では、新任、ベテランに関係なく、学級崩壊が起こる可能性があると指摘されています。

2. 学級崩壊への対応

学級崩壊への対応は、以下のように、生徒への対応と学級担任への支援、さらには予防の取り組みも大切です。いずれも学級担任個人の問題とするのではなく、学年、学校全体で取り組むことが求められます。

表1 学級崩壊への対応

生徒への対応	
①「反・社会生徒」の場合	学級生徒への影響に応じ対応を考える。学級による話し合いや個人への指導を行う。
②「特別な支援を要する生徒」の場合	特別な支援を必要としている生徒の場合はクールダウンする環境をもうける、支援員を置く、ティームティーチングを行う等、学校全体の理解と関連機関との連携を図りながら対応をしていく。
③「脱・社会生徒」の場合	担任教師と生徒集団の信頼関係が崩れている場合が多く、1時間1時間の授業、学級活動、行事で少しずつ生徒集団をまとめていく。
学級担任への支援	
①学級担任への支援体制	合同授業やチームティーチングなど学年の教員、管理職をはじめ学校全体で学級担任を支援する。
②児童生徒への個別指導	学級生徒への影響に応じて、児童生徒への個別理解に基づいた個人指導を行う。
③臨時学級PTA懇談会の開催	学級の実態の理解と対応策の協議を通して信頼感を深め協力体制をつくる。

④地域、関連機関との連携	地域の方に総合的な学習の講師をお願いする、放課後「昔遊び」のクラブの講師をお願いする等、積極的に学校教育に参加してもらう。児童相談所、警察（スクールサポーター）、教育センター等と連携して児童生徒の指導にあたる。
⑤学級編成や校内人事	学級編成や校内人事で、生徒の相互関係、学級担任との関係を見直して体制をあらたにする。

予　　　防
日々の学習活動や学級活動を通して児童生徒との信頼関係をつくること、さらには学級活動や授業で児童生徒同士の関係づくりができるよう働きかけをする。たとえば構成的グループ・エンカウンターを計画的に取り入れ、子どもが互いを尊重しあう関係づくりを行う、教科学習にグループ学習を行い、互いに学びあう経験を重ねる等。

3．校内暴力とは

校内暴力とは「自校の児童生徒が起こした暴力行為」（文部省，1983）をいい、次の4つがあげられます。

表2　校内暴力

①	対教師暴力	教師への暴力（教師にかぎらず、主事等学校職員を含む） 　　例：教師の胸ぐらをつかんだ
②	生徒間暴力	なんらかの人間関係がある児童生徒同士の暴力行為にかぎる 　　例：同じ部活の先輩が後輩とけんかをし双方が相手を殴った
③	対人暴力	対教師暴力、生徒間暴力の対象者を除く 　　例：ゲームセンターで他校の見知らぬ生徒と口論になり暴行を加えた
④	器物損壊	窓ガラスを割る、机やトイレの扉等を壊す、壁等に落書きをする

表3　急増する小学校での暴力　（文部科学省，2023）

	H26年度	H28年度	R3年度	R4年度
対児童暴力	7,111件	15,810件	36,365件	45,428件
対教師暴力	2,151件	3,624件	6,657件	9,021件
器物損壊	1,998件	3,682件	4,714件	6,482件
対人暴力	205件	325件	402件	524件
総数	11,472件	22,841件	48,137件	61,455件

2016（平成28）年の文部科学省の調査で児童の暴力が10年間で6倍になり2万3千件近くになっていることが明らかとなりました。その後も増え2022年（令和4年度）ではその3倍近くになっています（表3、図2）。（注：令和2年度は新型コロナ感染症拡大による休校、リモート授業、ソーシャルディスタンス等の影響で小・中・高共に減少している。）また、子どもの学年別を見ると（図1）中1、中2の件数が高くなっています。

この背景として、地域社会の変化、少子化、核家族化、子どもの遊びの変化により、同年代、異年代と会話や遊びや祭り等を通した交流が減少し、感情や考えを言葉で伝える能力が低下していること、感情をコントロールできず暴力に頼ったりする傾向があげられ、自分の考えを言葉で

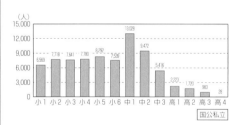

図1　学年別加害児童生徒数　（文部科学省，2023）

適切に伝えるトレーニングや自分のなかの怒りに対処する方法の獲得（第14章6参照）が必要とされています。

4．問題行動の背景

背景には、個人的要因と社会的背景があり、引き金が引かれること（たとえば指導でのトラブルや行

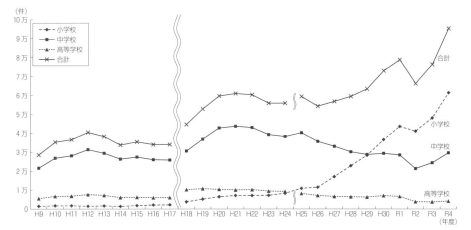

（件）

（注１）平成９年度からは公立小・中・高等学校を対象として、学校外の暴力行為についても調査。
（注２）平成18年度からは国私立学校も調査。
（注３）平成25年度からは高等学校に通信制課程を含める。
（注４）小学校には義務教育学校前期課程、中学校には義務教育学校後期課程及び中等教育学校前期課程、高等学校には中等教育学校後期課程を含める。
※令和２年度に減少しているのはコロナの感染拡大による休校やリモート授業の影響

図２　学校の管理下・管理下外における暴力行為発生件数の推移（R4年度）（文部科学省，2023）

き違いがあった時，子どもが葛藤を感じた時など）で発生します。問題行動の背景を発達的な側面からとらえ、心を育むという視点が必要で、規範意識や社会性の育成、忍耐力・自律心を高めるようなかかわりが求められます。問題行動の背景にある「自分を強く見せたい」「関心をもってほしい」という思いを汲み取り、表４のような発達的な視点を

表４　思春期の問題行動の発達的視点（横沢徹二，2003　をもとに作成）

①	子どものころに、無批判的に受け入れていた価値観が崩壊し、これに代わる行動基準がなお試行錯誤の状態にあり、どうしても衝動的、短絡的に行動しがちになる。
②	不安や劣等感などの意識にとらわれやすく、動揺しやすい。
③	空想の世界で願望を満たそうとし、安易に喫煙や飲酒などを虚勢的にまねる傾向がある。
④	閉鎖性・孤独性を求める一方、それからの開放を味わうために少年集団を形成し、暴走しがち。
⑤	男子14・15歳、女子15・16歳から性的好奇心が急激に高まる。また、第２反抗期として、反抗心、攻撃性の現れがみられる。

もち目標をともに考えつつ、授業だけでなく、係活動・行事・部活動などで本人が活躍できる機会の提供を行い社会的承認の欲求を満たすことも大切です。

5．学校の荒れの予防

　学校の荒れの予防には、日々の学習活動や学級活動を通して児童生徒との信頼関係をつくること、さらには学級活動や授業で児童生徒同士の関係づくりができるよう働きかけをすることが大切です。入学式・始業式からの一週間は「黄金の一週間」といわれており、この期間に**構成的グループ・エンカウンター**（第14章１参照）などで学級・学年で人間関係づくりのプログラムを実施し、互いを尊重する人間関係を体験を通して学ばせます。また、授業の受け方、時間のルール、挨拶、服装、掃除、給食当番など、生活習慣の確立とスマートフォンの使用等学校生活のルールを徹底させることで、安定した１年間ないしは３年間を過ごすことができるのです。

【引用・参考文献】
小林　正幸・橋本　創一・松尾　直博（編）（2021）．教師のための学校カウンセリング　改訂版　有斐閣
横澤　徹二（著）福島　脩美（監修）（2003）．学校カウンセリングの考え方・進め方　金子書房
文部科学省（2023）．令和４年度　児童生徒の問題行動・不登校等生徒指導上の諸課題に関する調査結果について

hapter

10

学校における
危機介入と心のケア

　子どもたちが多くの時間を過ごす学校は、誰もが安心して学べる安全な場であるべきですが、避けることの難しい地震などの自然災害のみならず、学校内への侵入者や子ども同士での殺傷事件、集団登下校中の子どもの交通事故、自殺など、当事者はもちろんのこと、それを目撃した子どもたちにも深刻な心の傷を残す出来事が度々起こってしまっています。学校は子どもたちの命を守り、心の傷を予防するためにどんなことができるのでしょうか。

　まず、次の文が正しいと思えば○、間違っていると思えば×をつけてみてください。
① 災害や事件の被災者・被害者に対しては、できるだけ早期に詳しく話を聴き、体験や気持ちを話させることが必要である。（　　　）
② 被災したのが幼児期だった場合、心の傷が問題になることは少ない。（　　　）
③ 子どもの自殺の原因のほとんどはいじめである。（　　　）
④ とてもネガティブな発言や絶望している様子がみられる子どもに「死にたい」という気持ちになっていないかと尋ねるのは危険である。（　　　）
⑤ 子どもが自殺を考えることは少ないので、学校で対策を考える必要はない。（　　　）
　意外に誤解していることがあるかもしれません。以下で確認していきましょう。

■■ 1. 危機介入とは ■

　人は問題にぶつかったりストレス状態に置かれたりした場合、まずそれまでに自分がとってきた対処方法で乗り越えようとします。しかしそれでは乗り越えられず、その状況に圧倒されてしまい、自力では対処が難しくなることを危機状態といいます。**危機**には、人生において多かれ少なかれ誰もが通るライフサイクル上の危機（進学、進級、結婚、出産、昇進、思春期危機、中年期危機、老年期危機など）と、偶発的な出来事に伴って起こる危機（身体的・精神的な病気、大切な人との死別、離婚、失業、事件・事故の被害・目撃、自然災害、戦争など）があります。**危機介入**（crisis intervention）とは、危機状態にある人、あるいは集団に対して、緊急に対応して危機を乗り越える援助をすることをいいます。危機状態でない時のカウンセリングや援助では、被援助者の話をじっくり聴き、本人がしっかりと自分と向き合い、試行錯誤しながらみずから答えを見出せるように支えていきますが、危機状態にある時には、援助者が主導権を取って、被援助者に対して積極的に指示を与えていくことも必要になります。被援助者自身のもつ内的な資源を活用するのみでなく、社会資源（危機状態を乗り越えるのをサポートしてくれる被援助者の周囲の人々）も活用しながら、被援助者が当面の問題を

乗り越え、安心安全を実感し、自分が対処できる力をもっているという感覚を取り戻すことができるように力づけていきます。危機を表す英語の crisis には、「分かれ目」「人生などの重大な岐路」「峠」といった意味があり、「危機状態は成長促進可能性を有している」（山本，2000）ともいえます。乗り越えられなかった場合のダメージは大きいけれども、乗り越えられた時には、それまでとは違った新しい対処方法を身につけるといった成長につながることになる、それが危機状況なのです。危機介入にあたって、教師やスクールカウンセラーは、児童生徒の成長につながる援助ができるよう、慎重に丁寧に、かつ迅速に対応する必要があります。

■■ 2. 学校における危機介入 ■

（1）学校における危機のレベル

　茨城県教育研修センターでは 2006 年「学校における危機介入の在り方」という報告書を作成しています。そのなかで紹介されている分類を参考に、学校における危機のレベルを 4 つに整理したものを表 10-1 にまとめました。

表 10-1　学校における危機の 4 つのレベル

レベル 1 個人の危機	家族の死別、生別、レイプ、事故、喪失体験など。虐待や家庭内暴力なども含まれる。危機状況に陥った個人への対応を中心とする。事件や事故の被害者だけでなく、目撃したり耳にしたりした子どもたちも、恐怖や不安、助けられなかったという無力感や罪悪感に悩まされることも多く、レベル 2 や 3 へと危機が広がるおそれがあることを想定してチームを組んで対応に当たる必要がある。
レベル 2 学級の危機	いじめ、学級崩壊、継続的な暴力、盗難など。本人のみならず、学級の子どもたちや担任教師に対しても危機介入が必要となる。
レベル 3 学校の危機	感染症の流行、多学年に関係者がいる事故など。部活動中や校外学習中の事件・事故、教師の不適切な指導や行為、児童生徒や教職員の死亡なども含まれる。
レベル 4 地域社会を巻き込む危機	自殺、重大な事件、地震など。近年は津波、竜巻、台風、土砂崩れ、火山噴火など、大規模な自然災害の頻発。また通学途中の電車の脱線事故や集団登下校中の交通事故、子どもが被害者となる連続殺傷事件や、地域の子ども同士での暴力事件など、子どもが被害に遭い、地域を不安に陥れるような事件・事故が多発している場合。

　レベル 3 や 4 は、心に傷を負った子どもたちが増え、学校の教職員や配置されているスクールカウンセラーだけでの対応では、収拾がつかない状況に陥ることが危惧されるため、各教育委員会に対して、複数の臨床心理士から組織された緊急支援チーム（次項で詳述）を要請し連携を図りながら、危機介入にあたることを検討しなければならないとされています。また、レベル 1 や 2 であっても、子どもの受ける心の傷の深刻さと長期にわたってその影響が続き人格形成上大きな障害となりかねない重大さを認識し、スクールカウンセラーや専門機関との連携を図りながら、対応にあたることが大切とされています。学校では

このようにさまざまな危機に対応しなければならない可能性があり、最悪の事態を想定して、**危機管理**を行う必要があります。危機管理体制を整えるにあたっては、学校内の危機管理体制の整備だけでなく、学校外の専門家による緊急支援はどのような時に、どのように利用したらよいかを把握しておくことが重要です。

(2) 学校への緊急支援の実際

　災害や事件・事故の際に、精神保健の専門家を動員して心のケアを行うといった実践は、わが国では1993年の北海道南西沖地震や1995年の阪神・淡路大震災を契機に始まりました。また、2001年の大阪教育大学附属池田小学校での児童殺傷事件など、自然災害以外にも学校に対する緊急支援として児童生徒や教職員の心のケアが必要とされる事態が多数起こっています。福岡県臨床心理士会では、全国に先がけて2001年度より、臨床心理士で編成される緊急支援チームによる緊急支援プログラムの作成と実践が行われており、ひとつのモデルとなっています。危機状態に陥った学校（および管轄教育委員会）から臨床心理士会窓口に緊急支援要請が入ると、コーディネーターは当該校所在地域在住の臨床心理士および近隣の学校のスクールカウンセラーを中心とした**緊急支援チーム**を編成し、当該校との打ち合わせに基づき、有償にて3日〜数日間の計画で学校にチームを派遣します。派遣された緊急支援チームのリーダーは、当該校管理職とのあいだで事件・事故の概要と学校の危機状況を確認し、支援ニーズの見立てと支援内容を立案します。緊急対応の主体は当事者（当該校）であり、支援チームはあくまでもそのサポーターとしてのスタンスに留まります（林, 2012）。緊急支援プログラムは教職員対象、児童・生徒対象、保護者対象に分けて、学校コミュニティ全体に対して行われます。

　藤森（2016）は、横浜市では、2014（平成26）年度に21校にスクールカウンセラー、スクールスーパーバイザーや指導主事らのチームが派遣され、活動の述べ日数は46日となっていたとしており、心のケアのために学校が緊急支援チームによる支援を要請する事態が起こることは決してまれではないということがわかります。

　2024年1月1日に発生した能登半島地震では、発災2日後には石川県臨床心理士会に災害対策本部が設置され、災害支援の研修会の開催やスクールカウンセラーの派遣、電話相談などが行われました。

■■ 3. トラウマ（心的外傷）とそのケア ■

(1) トラウマとは

　死、あるいは危うく死にそうになること、重傷を負うこと、性的暴力を受けること、などをトラウマティック（心的外傷的）な出来事といいますが、それによってできる心の傷を**トラウマ（心的外傷）**といいます。虐待やいじめを受けることによってもトラウマを負い

ます。また、このようなことを直接経験した場合のみならず、他人に起こったことを直接目撃したり、近親者や親しい友人に起こったことを耳にしたり、心的外傷的出来事の強い不快感を抱く細部にくり返し曝露される体験（ドラマやニュース報道などの映像を何度も見るなど）をした場合もトラウマとなります。

　トラウマティックな出来事を経験すると、図10-1のような症状を体験することがあります。このような症状があると、自分は大丈夫なのかと不安になることも多いですが、多くはひどいショックを受けた時に誰にでも起こりうる反応で、安心安全が保証される環境にいることができれば、家族や友人などの身近な人の援助や自身の対処行動によって自然に回復します。幼い子どもの場合は、赤ちゃんがえり、ひとりでトイレに行けなくなる、妙にはしゃぐ、トラウマティックな出来事に関係したことを再現するような遊びをする（津波ごっこ、積み木で作ったビルに飛行機をぶつけて壊すなど）といったこともしばしばみられます。

　トラウマティックな出来事の後では、一時的にこのような心身の状態になるのは自然なことです。おとなの場合、自分はそんなに弱いわけはないと否認しようとしたり、隠そうとしたりすることがありますし、子どもの場合も親に心配をかけまいと妙に元気を装ったりすることがあります。まわりの人は、このような状態になるのは自然なことだと伝え、見守られ、安全が確保されているという安心感を与え、いつでも話を聞くし、力になりたいという気持ちを示しましょう。ただし、無理に話をさせるのは禁物です。本人が話せるようになるのを待ちましょう。不安が強く過敏になっている時には、仕事や学校を休み自分のペースでゆっくり生活することが大切ですが、災害などで生活の場の様相が変わってしまった場合などは、学校でいつもと変わらぬ先生やクラスメートに会えることや、勉強

〈心理・感情面〉	〈思考面〉
・睡眠障害（不眠、悪夢） ・恐怖の揺り戻し、強い不安 ・孤立感、意欲の減退 ・イライラする、怒りっぽくなる ・気分が落ち込む ・自分を責める	・集中力低下 ・無気力 ・混乱して思い出せない ・判断力や決断力の低下 ・選択肢や優先順位を考えつかない
〈身体面〉	〈行動の変化〉
・頭痛、筋肉痛、胸痛 ・だるい、めまい、吐き気 ・下痢、胃痛 ・風邪をひきやすい ・動悸、震え、発汗 ・持病の悪化	・神経が過敏 ・ちょっとしたことでけんかになる ・ひきこもり ・食欲不振や過食 ・飲酒や喫煙の増大 ・子どもがえり

図 10-1　被災した人に起こりうる心身の反応と症状（東京都福祉保健局, 2008）

や遊びといった日常を取り戻すことは、トラウマを乗り越える上でとても大きな支えとなります（前述した津波ごっこなどの遊びも、感情を整理し乗り越えられる自信を回復する上で有益なものです）。また同じような経験をした仲間同士で痛みを分かちあうことや、**リラクセーション法**などの**ストレスマネジメント**の方法を学ぶ機会をもてること、またスクールカウンセラーや教師などに気軽に相談できることなど、トラウマをケアする上で学校が果たすことのできる役割は非常に大きいものです。

命が脅かされるような恐怖やショックを感じた後で、身体の芯に強い緊張が残っていて、そのために前述のような心身の状態になっていると考えられますので、この時期のストレスマネジメントとしては、リラクセーション法を身につけることが有益です。リラクセーションは不安定な感情のコントロールにも有効で、自分で自分をコントロールできるという感覚を取り戻させることにつながり、トラウマからの回復に大変有効です。次に簡単にできるリラクセーション法を紹介しますが、このほかにも、漸進的筋弛緩法、自律訓練法、臨床動作法、調整的音楽療法など効果の確認されているさまざまな技法があります。

■ ワーク10−1　　呼吸法によるリラクセーション

(1) 鼻からゆっくり息を吸ってください──ひとつ、ふたつ、みっつ──肺からお腹まで、気持ちよく空気で満たします。
(2) 静かにやさしく、「私のからだは穏やかに満たされています」と自分に語りかけましょう。今度は口からゆっくり息をはきます──ひとつ、ふたつ、みっつ──肺からお腹まで、すっかり息をはききりましょう。
(3) 静かにやさしく、「私のからだはほぐれていきます」と自分に語りかけます。ゆったりとした気持ちで、5回くり返しましょう。必要に応じて、日中に何度でもくり返してください。　　　　　　　　　　　　　　　（兵庫県こころのケアセンター訳，2009より引用）

■ ワーク10−2　　遊びながらリラックス

次のような遊びをすると、自然に腹式呼吸ができ、リラクセーション効果があります。
①ストローの紙の袋の一方だけを破って開けます。
②思い切りストローを吹いて、袋をできるだけ遠くに飛ばしましょう。
※このほかに、シャボン玉や紙ふうせん、ふうせんガムなどをふくらませて遊ぶことも有効です。

このようなリラクセーションを行うことや、気晴らしになる遊びやスポーツをすること、そして十分に睡眠をとることは、トラウマを体験した児童生徒にとって非常に有効であるだけでなく、援助にあたる教師やスクールカウンセラー自身にとっても、重要なことです。被災や事件の目撃など、自身も大きなトラウマを抱えている場合はもちろんのことですが、自身はその出来事を経験していなくても、トラウマで傷ついた児童生徒を傍らで支えよう

とすると、援助者も**二次的曝露**（間接的にさらされた）のような状態になり、心身ともに疲弊してしまうことがあります（代理トラウマ）。燃え尽き症候群（第13章3参照）の状態に陥ってしまうこともあります。それを避けるために、援助にあたるおとなが自身の感情を整理し、疲労を隠して子どもの援助にあたろうと無理をすることがないように、お互いに休息がとれるように配慮しあいましょう。

　学校のなかでケアを必要としている子どもを見つけるために、心身の状態を尋ねるアンケート調査を行うことも必要です。ただし、アンケートの質問項目がトラウマティックな場面を思い出させて傷が癒えるのを遅らせる危険もはらんでいることに留意し、ストレスを与えるようなアンケートをむやみに大量に実施したり、フォロー体制がないのにアンケートを行うようなことがないようにしなければなりません。気になることがあれば個別で相談に乗れる体制を整えて、そのことを児童生徒に伝えた上で行いましょう。

　また以前は、辛い体験を学校で絵や作文に表現させることがトラウマケアのために有効だと考えられたことがありましたが、現在では心理的に十分守られていない場で辛い体験を思い出させたり表現させたりすることは危険であるとされています。信頼できる人間関係のなかで、本人が表現したくなった時に自然に表現できるように支えあえる環境が大切です。

　パペット（口を開閉させることができるぬいぐるみや人形）を使っての対話は、トラウマを体験した子ども達の心のケアに有効で、東日本大震災後の支援にも活かされました（原ほか, 2017）。手にはめたパペットに話をさせると、子ども本人が話していながらも自分ではない存在に話させることができる"Me and not me 機能"が働き、口にしにくかった自分の辛い体験や気持ちを率直に表現することができます（原, 2017）。また聴き手であるおとなもパペットを使ってパペット同士で対話することで、おとなに面と向かって話すよりも子どもの緊張や抵抗が減り、話しやすくなる効果があります。

(2) PTSD（心的外傷後ストレス障害）

　多くの人は、トラウマティックな出来事の後でみられることが多い症状（図10-1）は数日から1ヵ月くらいで消失していきますが、なかには長引き、表10-2のような症状がみられることがあります。このような症状が1ヵ月未満にみられれば**急性ストレス障害**（ASD）、1ヵ月以上長引く場合には、**心的外傷後ストレス障害**（PTSD）が疑われます。このような症状は数ヵ月で回復する場合もありますが、1年以上、時には50年以上もの長期にわたって、症状が残る場合もあります。早期に専門機関を受診することが必要です。また通常はトラウマティックな出来事の体験から3ヵ月以内に始まることが多いですが、半年以上経ってはじめて現れる場合もあります。また、子どもの場合は、症状が直接トラウマに関係があるように見えないこともあり、PTSDであることを見落とさないように注意することが必要です。

表 10-2　心的外傷後のストレス症状 （東京都福祉保健局，2008 をもとに作成）

① 再体験症状	再体験症状とは、災害の体験に関する不快で苦痛な記憶が、フラッシュバックや悪夢の形でくり返しよみがえること。何かのきっかけで災害の体験のことを思い出させられた時の気持ちの動揺や、動悸や冷汗などの身体反応も含まれる。
② 回避・麻痺症状	災害の体験に関して考えたり話したり、感情がわき起こるのを極力避けようとすることや思い出させる場所や物を避けようとすること。また一部の記憶を思い出せないという場合もある。 そのほか、趣味や日常の活動に以前ほど興味や関心が向かなくなる、感情が麻痺したようで愛情や幸福などの感情を感じにくくなる、といった心の変化が生じる。
③ 過覚醒症状	睡眠障害、イライラして怒りっぽくなる、物事に集中できないといったことや、何事にも必要以上に警戒してしまったり、ちょっとした物音などの刺激でもひどくビクッとしてしまうなど、精神的緊張が高まった状態。
④ 解離症状	自分が自分でないような感じ（離人感）、または周囲の世界が非現実的で、夢のようで、ぼんやり体験される（現実感喪失）。

　2011 年 3 月に発生した東日本大震災において被災時に保育園の 3 〜 5 歳児クラスに在籍していた子どもへの調査では、被災後 1 年半〜 2 年 2 ヵ月の時点で 33.8％の子どもにPTSD の症状がみられたとの報告があります（毎日新聞 2014 年 1 月 27 日）。幼い子どもは事態を論理的に受け止められないため、より強い情緒的影響を受けている可能性があります。2013 年に改訂された **DSM-5** の PTSD の項には、あらたに 6 歳以下の子どもの場合の診断基準も加わりました。

　PTSD の治療は簡単ではありませんが、近年研究が進み、効果的な治療法も見出されています。脳や心に強く刻み込まれた傷は、単にカウンセリングで話を聴いてもらえば回復するというものではないことが多々あるため、トラウマに関わる治療の経験の豊かな専門家による治療を受けることが大切です。また、PTSD の治療は本人が自分の症状や思い出したくないと封印していた記憶に向きあってもいいと思える時に受けることが大切であり、無理に治療を受けさせるようなことはかえって傷を深めてしまうことにもなりかねないので、注意が必要です。

■■ 4. 児童生徒の自殺予防 ■■

　人は、危機状態に陥った時、八方ふさがりだと思った時、絶望を感じた時、生きているのがあまりにも辛いと思った時、死んでしまいたいと考えることがあります。それは子どもでも同じです。

　2006 年の自殺対策基本法の制定を受け、文部科学省は 2009 年「教師が知っておきたい子どもの自殺予防」というマニュアルを作成し、全国の学校に配付しました。そこでは、

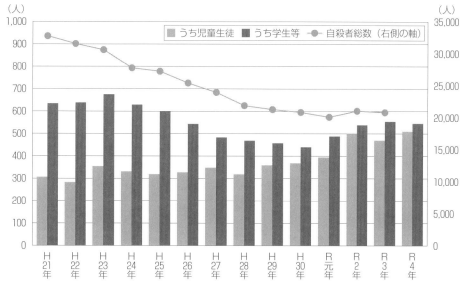

図 10-2　児童生徒及び学生等の自殺者数の推移（厚生労働省（2022）自殺対策白書　p.65 をもとに、警視庁「自殺統計」の令和 4 年のデータを加えて作成）

「子どもの自殺は、一般的に考えられているよりもはるかに深刻で、中学・高校教師の 5 人に 1 人は生徒の自殺に、3 人に 1 人は自殺未遂に遭遇したことがあるという調査結果もある」としており、日々子どもと接している教師が子どもの自殺予防について学び、子どもの「助けて！」という叫びを最初に受け止める**ゲートキーパー**として、周囲の同僚や子どもの家族、医療従事者などと協力して子どもの自殺を防ぐことが重要であると説かれました。しかし、その後も児童生徒の自殺は増加しており、2023 年に改訂された生徒指導提要では 20 ページが割かれ、自殺予防のための組織的な体制づくりを進めることが、喫緊の課題であるとされています。

　厚生労働省（2022）の自殺対策白書に掲載されている警察庁「自殺統計」による自殺者数の推移をみると、わが国では、2003（平成 15）年に 34,427 人となったのをピークに自殺者数が減少を続けており、自殺死亡率（人口 10 万人あたりの自殺者数）は 2003（平成 15）年の 27.0 から 2019（令和元）年には 15.9 に減っていました。しかし、2020（令和 2）年以降どの年代も増加に転じ 2022（令和 4）年には 17.5 となっています。一方若者の自殺死亡率は平成 15 年以降も減少せずおおむね横ばいが続いていましたが、2020（令和 2）年に大きく増加しました。図 10-2 を見ると、「児童生徒」や「学生等（大学生・予備校生・専修学校生等）」は自殺者数総数の推移と異なり、減少傾向がみられず横ばいが続き、「児童生徒」は 2017（平成 29）年からは増加傾向となり、2021（令和 3）年は減少したものの、2022（令和 4）年には 2020（令和 2）年を超える 514 人に上り過去最高となり、非常に深刻な状況であることがわかります。日本の子どもと若者の死因は、他国が「不慮の事故」がもっとも多くなっているのとは異

なり「自殺」がもっとも多くなっています。なかでも 15〜19 歳、20〜24 歳、25〜29 歳ではいずれも死因の 50％以上が「自殺」によるものとなっています（厚生労働省，2023）。

　過去 40 年間の 18 歳以下の若者の日別自殺者数の分析では、夏休み明けの 9 月 1 日にずば抜けて多く、次いで春休み明けや連休明けの直後に多いということが明らかになりました（内閣府，2015）。生活リズムの大きな変化や学校に戻ることの精神的プレッシャーなどで子どもたちの不安が強まるこの時期には、学校・家庭・地域が多方面から子どもを見守り、支えることができるよう、普段以上に注意を払い、工夫することが必要なのです。

　子どもの自殺というと、いじめだけが原因と思われがちなようですが、決してそれだけではありません。児童生徒の自殺の原因・動機としては、2021（令和 3）年は、「不詳」を除くと「小学生」では「家庭問題」、「中学生」では「学校問題」の割合が多くなっていました。「高校男子」は「学校問題」を原因・動機とする割合がもっとも高く、2,076 人のうち 35.6％が該当していました。「高校女子」では「健康問題」の割合がもっとも高く、1,160 人のうち 31.8％が該当し、その内訳では「うつ病」及び「その他の精神疾患」の割合が高くなっていました。子どもの場合、おとなに比べてわかりにくいですが、うつ病や統合失調症等が背後に隠れている場合もあります。PTSD 等によって自分が自分でないような解離症状を呈している場合や、秘かにリストカットや拒食・過食をしている場合なども自殺のリスクが高いといえます。

　松本（2014）は、「子どもの**自殺リスク**を高める要因として最も重要なものを 1 つだけ教えてほしいと質問されたなら、『それは、援助希求能力の乏しさです』と答える」と述べています。**援助希求能力**が乏しいというのは、悩みや苦痛を抱えた時にひとりで抱え込んで誰にも助けを求めないということです。以前おとなに助けを求めたけれども援助してもらえなかったという体験があり、おとなが信じられなくなって援助を求めなくなっている場合も多々あります。日々児童生徒に接している教師こそ、自分から助けを求めて来ないけれども自殺のサインを示している子どもを救うことができるのです。

　文部科学省（2009）は、自殺直前のサインとして、表 10-3 のようなことをあげています。サインに気づいたら、ほかの教師やスクールカウンセラーにも相談して注意を払い、見過ごすことなく対応するようにしましょう。

表 10-3　自殺直前のサイン

・自殺のほのめかし　・行動、性格、身なりの突然の変化　・アルコールや薬物の乱用　・最近の喪失体験（成績の低下、受験の失敗、家族を失う、親の離婚、転校等）　・自殺計画の具体化　・自傷行為　・家出　・重要な人の最近の自殺　・怪我をくり返す傾向　・別れの用意（整理整頓、大切なものをあげる）

　自殺のおそれがある子どもに対応する時の原則に、**TALK の原則**があります（表 10-4）。
　教師自身が不安になったり、死にたいという子どもの気持ちを否定したくなって、「大丈夫、がんばれば元気になる」などと安易に励ましたり、「死ぬなんて馬鹿なことを考え

表 10-4　TALK の原則（文部科学省，2022　p.201）

① Tell：心配していることを言葉に出して伝える。
② Ask：「死にたい」と思うほどつらい気持ちの背景にあるものについて尋ねる。
③ Listen：絶望的な気持ちを傾聴する。話をそらしたり、叱責や助言などをしたりせずに訴えに真剣に耳を傾ける。
④ Keep safe：安全を確保する。一人で抱え込まず、連携して適切な援助を行う。

表 10-5　「死にたい」という言葉を子どもから聞いた時の援助者の避けるべき態度（松本，2014　p.127）

・安易な励ましをする
　（大丈夫だよ、など）
・批判・叱責をする
　（ダメ‼　言われた方の気持ちになってみてよ）
・強引な説得をする
　（死んじゃいけないよ、大切な人のために死なないで）

るな」などと叱ったりしがちですが、そのような対応をしてしまうと、子どもはそれ以上、教師に苦しみを伝えることはできなくなってしまいます。「死にたいほど辛く、苦しいというのはどんな状況でどんな気持ちなのか聴かせてほしい」と子どもの話を十分に傾聴し、なんとか力になりたいということを伝えましょう。そして子どもの命を確実に守るために、子どもから目を離さず、ひとりにしないようにしましょう。また決して自分ひとりで抱え込まず、同僚に相談し、子どもの家族、医療関係者などと連携して対応することが大切です。

　文部科学省は生徒指導提要で、現在行われている命の教育を、児童生徒を対象とした**自殺予防教育**へと発展させていくことが必要だとしています。自殺予防教育は児童生徒がお互いに自殺のサインに気づき、おとなに助けを求めることにもつながり、より効果的な自殺予防へとつながるのです。2014 年には「子供に伝えたい自殺予防　学校における自殺予防教育導入の手引き」が作成され、そのなかで「早期の問題認識（心の健康）」と「援助希求的態度の育成」を目標とした小学校高学年からの自殺予防教育の実践例も紹介されており、海外では以前から行われている学校での自殺予防教育の取り組みが、わが国でも少しずつ始まっています。

■■ 5. ま　と　め ■

　災害や事件・事故の被害に遭った子どもやなんらかの理由でみずから命を絶ちたいと思いつめてしまっている子どもの安全を守る上で、学校が果たすことのできる役割は大きいものです。子どもの発する SOS のサインを感じたら、ひとりで抱えこまず、同僚や専門家と相談しながら対応することが大切です。危機は起こらないに越したことはありません。しかし起こってしまったとしても、当事者と周囲の人々が力を合わせて適切に対処できた時、関わった人々は成長し、互いの絆は強まります。そして学校や地域社会などのコミュニティも成熟します。危機介入とそれに伴う心のケアについて、日頃から積極的に備えておきましょう。

■■ ワーク10-3   まとめのクイズ

次の文が正しいと思えば○、間違っていると思えば×をつけてください。

(1) 被災地の学校では、被災した子どもたちに体験したことや感じていることを絵や作文に書かせることが、心の傷を早く癒すために有効である。(　　　　)

(2) 被災した子どもが家族とともに過ごせるように、被災地の学校はなるべく長く休校にした方が良い。(　　　　)

(3) 教師自身も被災している場合、自分自身の不安や疲労は隠して、まずは子どものケアにあたるべきである。(　　　　)

(4) いじめで心に傷が残る場合があるが、それがPTSDとして問題になることはない。(　　　　)

(5) 子どもの場合は自殺の背景に心の病があることは少ない。(　　　　)

(6) 子どもには刺激が強すぎるので学校での自殺防止教育は高校以降で行うべきである。(　　　　)

‖ 推 薦 図 書

藤森 和美（編）(2005). 学校トラウマと子どもの心のケア　誠信書房：子どもたちが事件・事故・災害などに見舞われた時、学校は子どもたちをどのように援助することができるのかが実際の事例等もあげながら詳しく書かれています。子どもや保護者に配布するプリントなども多数紹介されていて実用的です。

兵庫県こころのケアセンター（訳）(2009). サイコロジカル・ファーストエイド実施の手引き第2版 http://www.j-hits.org/document/pfa_spr/page1.html：アメリカ国立子どもトラウマティックストレス・ネットワークとアメリカ国立PTSDセンターによって開発された、災害、大事故などの直後に提供できる心理的支援のマニュアルが、PDFファイルになっています。支援にあたってのさまざまな留意点が、専門的知識をもっていない人にもわかりやすく、丁寧に説明されていて大変参考になります。対応の仕方について、子ども、思春期、高齢者、など年代別にまとめられており、言ってはいけないことや、肯定的でサポーティブな話し方などが具体的に示されています。付録E「人と人とのつながり」のなかにある「誰かを支える」というページには、一般の人が家族や友人を支える時に役に立つことがコンパクトにまとめられており、多くの人に知っておいてほしい内容になっています。

文部科学省（2014）学校における子供の心のケア　—サインを見逃さないために—.
http://www.mext.go.jp/a_menu/kenko/hoken/__icsFiles/afieldfile/2014/05/23/1347830_01.pdf：学校における、日常での健康観察やストレス教育、そして災害や事件・事故等の危機発生後の健康観察や心のケアにあたっての、留意点と具体的方法が詳しく書かれていて、すぐに活用することができます。また、教職員自身の心のケアの重要性についても書かれ、チェックリストもありますので、ぜひ参考にして下さい。

【引用・参考文献】

藤森 和美（2016）. 第10回全国こころのケアチーム連絡協議会に参加して　武蔵野大学心理臨床センター

　　紀要 15，27-37

藤森　和美（編）（2005）．学校トラウマと子どもの心のケア　実践編——学校教員・養護教諭・スルール
　　カウンセラーのために——　誠信書房

林　幹男（2012）．学校危機における緊急支援と児童生徒のこころのケア　福岡大学研究部論集 B5，1-6

原　　美智子（2017）．日本パペットセラピー学会の被災地支援報告　パペットセラピー，10（増刊号），
　　142-146

原　　美智子・ショハット，M・ハダシー，D・千葉俊一・高村豊（2017）．被災地小学校におけるイスラエ
　　ルシュナイダー小児医療センター方式のパペットセラピーの実践　パペットセラピー，10（増刊号），
　　147-152

茨城県教育研修センター教育相談課（編）（2006）．学校における危機介入の在り方　茨城県教育研修セン
　　ター研究報告書第 57 号

内閣府（2015）．平成 27 年版自殺対策白書

毎日新聞（2014 年 1 月 27 日）．東日本大震災：引きこもりや暴力　被災園児 25%問題行動

松本　俊彦（2014）．自傷・自殺する子どもたち　合同出版

文部科学省（2009）．教師が知っておきたい子どもの自殺予防

文部科学省（2014）．子供に伝えたい自殺予防——学校における自殺予防教育導入の手引——

文部科学省（2022）．生徒指導提要

厚生労働省（2022）．令和 4 年版自殺対策白書

厚生労働省（2023）．令和 5 年版自殺対策白書

東京都福祉保健局（2008）．災害時の「こころのケア」の手引き

山本　和郎（2000）．危機介入とコンサルテーション　ミネルヴァ書房

知っておきたい心のトピックス 11

第5章から第10章まで、学校で多く見られるさまざまな問題について取り上げてきました。その中で触れることができませんでしたが、心身の不調に苦しんでいたり、困難な環境に置かれていたりするなかで、強いストレスや疲労感を抱えながら、日々苦しみ葛藤している子ども達も多数います。教師は気づきにくい場合があるため、頭に入れておいて欲しいトピックスを、簡単にまとめておきます。

■■ 1. 心 の 病 ■

(1) 心 身 症

心身症とは「発症や経過に心理・社会的因子が大きく影響している『身体の病気』」の総称です。喘息、アトピー性皮膚炎、下痢、頭痛等々、身体に起こるさまざまな症状がありますが、それらの症状が生じたり悪化したりする要因にストレスや環境の影響が大きいものを心身症といいます。

以下に思春期に多くみられ不登校の原因にもなりやすい心身症を2つあげます。

① **過敏性腸症候群**：腸に炎症や腫瘍などの病変はなく、下痢や便秘、腹痛などの症状がくり返し現れる、腸の機能的な病気です。原因として、腸管の過敏な反応性や腸管運動障害が指摘されており、精神的ストレスによって悪化します。朝に症状が現れやすいため、遅刻や欠席をくり返しやすくなります（田中. 2014）。

② **起立性調節障害**：朝起きられない子どもの約7割にみられる小児心身症でもっとも頻度の高い疾患で、不登校の子ども達の3～4割にあるといわれています（田中. 2014）。起立して血液が下半身に移動すると、自律神経が血管を収縮させて上半身に血液を戻して血圧が下がらないように調節するものですが、起立性調節障害では、脳のなかの自律神経中枢による調節ができないために立ちくらみやめまいが起こるのです。

ストレスが原因で身体に症状が出るという場合、「気の持ちようだ」とか「心が弱いからだ」と考える人がいるかもしれません。しかし、たとえば、すぐ近くで異常な爆発音がした時に、心臓がドキドキして足がすくむ感覚をもたない人はいないでしょう。心理的ストレスは自律神経系を介して反射的に身体に反応を起こさせます。ストレスが強烈だったり、長く続くために、自律神経の誤作動や身体反応が恒常的に続き心身症が生じます。

心身症になりやすい子どもの性格傾向として多くみられるのは、自分の感情を抑えて、周囲の人の期待に合わせた行動を取ろうとする「過剰適応」です。いわゆる「いい子」「育てやすい子」で、本人も気づかないうちにストレスをため込んでしまっています。子ども

が自分の欲求を素直に表現して、自分に合った行動を自分で選択できるように励ますことは心身症を減らすことにつながります。

　また、生活習慣は自律神経に大きな影響を与えるので、規則正しい起床・就寝時間と睡眠時間の確保が大切です。ただ、起立性調節障害の症状が重い場合、朝めまいがしている状況で無理やり起こして学校に行かせようとして、結局具合が悪くて行かれないということをくり返すと、自信をなくし、行けない自分を責めるようになって、一層ストレスが高まり症状は悪化します。本人の意欲の問題ではなく身体の病気であることを理解し、まずは午後からなど、しっかり授業を受けられる時間帯から登校することに決めて、規則正しく起きて身体を動かし、良質の睡眠を確保するように努めることが有効です。

　午後になると症状が消える場合も多いため、仮病だと言われてしまうこともありますが、決してそうではないことを理解し、勉強について行けなくなったり、自信をなくしたりしないように、学習のサポートや本人の好きなことに打ち込ませるなどの支援が有効です。

(2) 不 安 障 害

　強い不安やパニック発作が生じる疾患を不安障害／不安症といいます。小学校低学年にみられる「分離不安障害」は養育者と離れることに強い不安を感じるもので、不登校の原因となる場合があります。また、狭い所や人混み・電車などが怖い「広場恐怖」、突然パニック発作（動悸、胸痛、窒息感、めまいなどが生じ、このまま死んでしまうのではないかという恐怖感）が生じる「パニック障害」等も、通学ができない、あるいは教室で突然パニック発作が起こるといった問題が生じます。また「場面緘黙」によって学校でのみまったく話せないということもありますが、本人が反抗して話さないわけではないため、決して叱責したり、話すように迫ったりすることは控えるようにします。「社交不安障害」は、人前でのスピーチや食事などの対人場面でほかの人から注視されることへの恐れがあり、過度に緊張不安が強まり、我慢したり回避したりするもので、不登校やひきこもりの原因となっています。行動療法や認知療法、あるいは箱庭療法等さまざまな心理療法が有効な可能性がありますので、生活に支障があるレベルになっている場合は、専門家に相談しましょう。

(3) うつ病と双極性障害（躁うつ病）

　うつ病では、気分が憂うつで何事も楽しめなくなり、思考力や集中力が低下し、ものごとを悲観的に受け取り、何事に対しても意欲がなくなる、また睡眠の障害や食欲低下といった症状がみられます。子どもの場合は、気分の落ち込みというよりも、イライラや焦燥感として現れることがあるので注意が必要です。

　双極性障害は、うつ状態と躁状態（爽快な気分、沢山の考えが浮かぶ、万能感を感じるなど）が交互に現れます。軽度の躁状態と強いうつ状態をくり返す双極2型は、うつ病と間違われやすいのですが、うつ病とは治療法が異なるため、軽度の躁状態と思われるエピソードが

あれば、医師に伝えることが大切です。子どもの場合、躁状態や混合状態（躁とうつが入り混じった状態）の時に、幻覚や妄想が現れやすく、リストカットや多量服薬なども生じやすいため注意が必要です（公益財団法人 日本学校保健会, 2022）。

（4）統合失調症

思春期・青年期に発症しやすい精神病であり、罹患率は100人に1人です。幻覚や妄想（被害妄想、関係妄想）が主な症状です。ほかに話や行動のまとまらなさ、また感情の平板化や意欲欠如などの陰性症状も見られます。以前は治りにくいと思われていましたが、近年は早期治療と適切なケアにより、治療を受けながら修学できる場合も多くなっており、3人に1人は治癒します。早期発見・早期治療が治癒率を高めますので、これらのサインを見落とさないように気をつけましょう。

■■ 2. 自傷・依存症 ■ ▪

依存症とは、「精神に作用する科学物質の接種や、快感・高揚感を伴う行為を繰り返し行った結果、さらに刺激を求める抑えがたい渇望がおこる。その刺激を追求する行為が第一優先となり、刺激がないと精神的・身体的に不快な症状を引き起こす状態」（榎本, 2016）です。依存症の対象は、物質を体内に摂取することによる「もの」、ゲーム、ネット・スマホ、拒食・過食などの「行為」、DVなどの「人間関係」があります。依存症の4つの特徴としては、強迫性＝対象に執着し、やらずにいられない、反復性＝こりずに何度も繰り返す、衝動的＝思い立つと行動し、抑制がきかない、貪欲性＝より強い刺激を求めてエスカレートする、といった特性があります。そのなかでも、ここでは、教育現場でもっとも指導が難しいといわれている自傷行為および摂食障害、次いで思春期によくみられるリストカットなどのネット依存について述べます。

（1）自傷行為への対応

自傷行為とは、刃物またはとがったもので皮膚を突き刺したり切る、頭や体を物にぶつける行為、髪の毛を抜いたり、皮膚をかきむしることなどを指します（濱田ら, 2009）。平均開始年齢は11歳から13歳です（山口ら, 2004）。

自傷行為には嗜癖性があり、自殺の意図が無くても自傷行為をくり返すことでエスカレートし、制御困難になり致死的な損傷となることがある、と言われています（松本・山口, 2005）。

自傷行為に至るのは、つらい気分をすっきりさせたい、なかには家族や友人、恋人に自分のつらさを分かってほしくてというような意思伝達や操作を目的としたものもありますが、死にたいからというものも多く、自殺リスクの高い行為であることがわかります。こ

のような自傷行為が止められない子どもに対しては、坂口（2021）は、学校で実施可能な三段階のかかわり方を示しています。第1段階は、自傷行為をする生徒の存在や状態についての情報共有と子どもとの関係づくり、第2段階は生徒が「突き放された」と感じないように配慮する、SOSを打ち明けたときにはそれを受け止めるといった関係維持の段階、第3段階は、援助者の継続的なかかわりにより信頼を得ることで、生徒の自傷行為について話し合いができるようになることです。リストカットによる手当の必要性から自傷行為をする生徒は養護教諭とつながりやすく、生徒にとっても避難所として駆け込む先である保健室の養護教諭は頼りになるといえます。ただし、自傷行為は死に至ることもあるため、チーム学校として、心理職であるSCや学校外の主治医との連携も重要です。

（2）摂食障害の対応

　摂食障害の主な症状は神経性無食欲症と神経性過食症です。神経性無食欲症とは太ることへの激しい恐怖から体型と体重を過剰に重視するなど、当人が身体像を歪めていることが原因です。食事制限によって体重をコントロールし、標準体重の85％以下になった結果、女性思春期後の無月経や月経不順などが現れます。神経性過食症は、無茶食いが反復して発現し、厳しい食事制限の一方自己誘発による嘔吐のくり返し、下剤の誤った使用などの行動がみられます。このような症状がみられる生徒については、医療機関との連携が重要です。医療機関では、昨今摂食障害の介入に認知行動療法が適用されるようになっています。子どもの不適切な思い込みや態度については、自分や自分の将来について、なりたい人になれるかどうか、他人の態度など一生徒が抱いている根本的な「思い込み」が認知過程に影響していると考えられます。認知行動療法は子どもの新しいスキル（行動）の発達を助け、歪んだ思い込みから代わりとなる経験を獲得することを支援します。子どもがひとりでもできることとして、行動、思考（とくに摂食の前後すぐの思考）、感情に関する日記をつけることがあります。逆に摂食障害の子どもの心理的介入を妨げる要因としては、「変わりたくない」という動機づけの低下、痩せなければ自分の価値は0といった白か黒かという認知、完ぺきでないといけないといった思い込みなどがあります。極端な低体重や過食を伴う大量服薬など二重三重の不適切な自傷行為がみられる場合は、入院により薬物療法をはじめとする介入が求められることもあります（ガワーズ・グリーン，2013）。

　摂食障害は女子によくみられますが、男子でも起こることがわかっています。どちらも他者からの評価が拒食・過食のモチベーションになってしまっています。養護教諭は学校内で健康相談活動を行う役割があり、もっとも生徒にとって体の面からアプローチしやすい立場でしょう。また心理面のケアについては、SCと連携しながら対応することが重要です。

（3）ネット依存への対応

　2011年の久里浜医療センターによるネット依存の調査によると、小中高生は全体の66%、次いで大学生23%が依存状態となっています。ネット依存になる誘因の1つとして、オンラインゲームがあげられます。オンラインゲームとは、パソコンやゲーム機をインターネットに接続して通信しながら、複数のプレーヤーが同時に遊ぶことができるゲームを指します。ゲームはチームを組んで進めていくため、途中で自分だけが抜けてしまうとほかのメンバーに迷惑がかかるというシステムになっています。また、ゲームは長時間やり続けるほど、あるいは課金をするほどレベルが上がるものが多く、「はまりやすく」作られています。さらに、SNS、LINE、X（旧Twitter）をずっと使い続けるのも依存状態を作り出します。ネット依存により、感情をコントロールできなくなったり、睡眠時間が短くなったりします。これらの環境要因を見てみると、自分の居場所がない、ネット利用を放任する家庭環境があげられています。一方で心配した親が、子どものネット使用中にスマホやゲームを取り上げると、暴力をふるったり物を壊したりするようになることがあります。これらの対応方法は家族による協力が大切になります。たとえば、この分野の第一人者である樋口（2017）は次のように助言しています。スマホは親の名義で購入し、子どもに貸し出す形にしておき、使用場所、使用時間帯、使用金額などのルールは親子で一緒に決め、書面に残しておきます。さらにネット使用を抑制するのみではなく、代替えとして部活、趣味の活動に誘ったり家族で一緒にできる活動を楽しんだりすることが有効な場合もあります。子どもと話しあう時は、スクールカウンセラーなど第三者を立てることで冷静に問題解決に向けて話しあうことが可能になります。また、子どもと取引や駆け引きをしない、ネットについて学ぶ、私はこのように考えている（Iメッセージ）で話すなど具体的にやれることを一緒に考えたり試してみたりすることも有効です。

■■ 3. その他のトピックス ■

（1）「性的マイノリティ」に関する課題と対応

　2003（平成15）年に成立した「性同一性障害者の性別の取扱いの特例に関する法」の第2条では、性同一性障害者とは「生物学的には性別が明らかであるにもかかわらず、心理的にはそれとは別の性別（以下「他の性別」という。）であるとの持続的な確信を持ち、かつ、自己を身体的及び社会的に他の性別に適合させようとする意思を有する者であって、そのことについてその診断を的確に行うために必要な知識及び経験を有する二人以上の医師の一般に認められている医学的知見に基づき行う診断が一致しているもの」とされています。性同一性障害は、医学的には「性別違和」といわれます。この人たちは社会生活上さまざまな問題を抱えている状況にあり、その治療の効果を高め、社会的な不利益を解消するためにはこの法律だけでは不充分です。そのため、文部科学省は2010（平成22）年、「児童

生徒が抱える問題に対しての教育相談の徹底について（通知）」を発出し、さらに2015（平成27）年に「性同一性障害に係る児童生徒に対するきめ細かな対応の実施等について」を発出し、性同一性障害に係る児童生徒についてのきめ細かな対応の実施に当たっての具体的な配慮事項などが示されました。また、この通知において、悩みや不安を受け止める必要性は、性同一性障害に係る児童生徒だけでなく、いわゆる「性的マイノリティ」※とされる児童生徒全般に共通するものであることが明記されました。2012（平成24）年に閣議決定された「**自殺総合対策大綱**」においては、「自殺念慮の割合等が高いことが指摘されている性的マイノリティについて、無理解や偏見等がその背景にある社会的要因の一つであると捉えて、教職員の理解を促進する」ことの必要性が示されました。さらに「**いじめ防止対策推進法**」に基づく「いじめの防止等のための基本的な方針」が2017（平成29）年に改定され、「性同一性障害や性的指向・性自認について、教職員への正しい理解の促進や、学校として必要な対応について周知する」ことが追記されました。性同一性障害に係る児童生徒については、学校生活を送る上で特別の支援が必要な場合があることや、なかには親やクラスメイトに知られたくないと希望する子どももいることから、個別の事案に応じてその時々の児童生徒の心情や状況等に配慮した対応を行うことが求められています。たとえば服装、着替え、体育の授業への参加（水泳など）、トイレの使用方法、宿泊行事での配慮などです。そのためにはまず、教職員が正しい知識をもつこと、児童生徒が相談しやすい環境を整えていくこと、いじめや差別を許さない学校風土が望まれます。（※性的マイノリティとはLGBTなどをいい、このうち、LGBは「○○が好き」というような性的指向に関する頭文字ですが、Tは「心と体の性別に違和感をもっている」性別違和に関する頭文字で、性的指向を表す頭文字ではありません。）

(2) 支援を必要とする家庭環境：子どもの貧困、ヤングケアラー、外国籍の子ども

　2013（平成25）年に「子どもの貧困対策の推進に関する法律」が成立しました。近年の子どもの貧困は、見えにくくなっているとの指摘もあります。学校では子どもの貧困の兆候（食事がとれない、物が買い揃えられない、学力不振や、進路に希望がもてない、生きる意欲が湧かないなど）をいち早く発見して外部機関と連携し、児童生徒やその家庭に対する状況の把握や必要な支援の提供を行うことが求められます。

　いわゆるヤングケアラーは、一般に、本来おとなが担うと想定されている家事や家族の世話などを、日常的に行っているような子どもを指します。子ども自身やその家族がそのような状態を子どもにとっての困難な状態と認識しておらず、問題が表面化しにくいことも特徴です。教職員には、ヤングケアラーの特性をふまえて子ども本人や保護者と接し、早期発見・対応をすることが求められます。家族のケアをすることは、子どもにとって生きがいになっているケースもあり、家族ケアの価値を認めつつ、子どもの声をよく聞き、

気持ちに寄り添う姿勢をもつことが大切です。

外国籍の児童生徒のみならず、帰国児童生徒や国際結婚家庭の児童生徒など、多様な文化的・言語的背景をもつ児童生徒が増加しています。教職員が児童生徒や保護者に寄り添ったきめ細かな支援を行うとともに、児童生徒が互いの文化を学びあう授業を行うなど、宗教や文化的背景などの多様性を認め、互いを理解し、尊重しあう学校づくりに努めることが、何よりも大切です。なお、外国人児童生徒等を巡る生徒指導の実施に当たっては、「外国人児童生徒受入れの手引き」（文部科学省，2019）や「外国人児童生徒等教育に関する動画コンテンツ」（文部科学省，2021）などを参考にし、適切な対応を行うことが求められます。

■■ 4. ま と め

この章で述べた以外にも児童生徒のなかには虐待を受けている子ども（第5章参照）、発達障害を抱えて生きる児童生徒（第6章参照）、その他苦しんでいるけれども上手くSOSを発することができずにいる子どももいます。子どもたちの支援をするには、まず教師が正しい知識をもち、子どもの様子をよく観察し早期に気づき、対応することが求められているのです。

【引用・参考文献】

榎本 稔（2016）．よくわかる依存症——アルコール、薬物、ギャンブル、ネット、性依存——（p. 9）主婦の友社

公益財団法人 日本学校保健会（2022）．教職員のための子供の健康相談及び保健指導の手引—令和3年度改訂—

田中 英高（2014）．心身症の子どもたち——ストレスからくる「からだの病気」—— 合同出版

樋口 進（監修）（2017）．心と体を蝕む「ネット依存」から子どもたちをどう守るのか—— ミネルヴァ書房

濱田 祥子・村瀬 聡美・大高 一則・金子 一史・吉住 隆弘・本城 秀次（2009）．高校生の自傷行為の特徴——行為ごとの経験率と自傷行為前後の感情に着目して—— 児童青年精神医学とその近接領域，50(5)，504-516.

松本 俊彦・山口 亜希子（2005）．自傷行為の嗜癖性について——自記式質問票による自傷行為に関する調査—— 精神科治療学，20，931-939.

坂口 由佳（2021）自傷行為への学校での対応——援助者と当事者の語りから考える—— 新曜社

Simon, G, Gowers & Lynne, Green（2009）. Eating Disorders: Cognitive Behavior Therapy with Children and Young People（S.G. ガワーズ，L. グリーン（著）下山 晴彦（監訳），中田 美綾（訳）（2013）. 子どもと家族の認知行動療法4 摂食障害） 誠信書房

山口 亜希子・松本 俊彦・近藤 智津恵（2004）．大学生における自傷行為の経験率——自記式質問票による調査——．精神医学．46(5)，473-479.

文部科学省（2017）．中学校学習指導要領（平成29年告示）解説 特別活動編

厚生労働省（2013）自殺総合対策大綱～誰も自殺に追い込まれることのない社会の実現を目指して～
　　https://www.mhlw.go.jp/stf/seisakunitsuite/bunya/hukushi_kaigo/seikatsuhogo/jisatsu/taikou_
　　h240828.html　2023/08/25 閲覧
文部科学省（2013）いじめの防止等のための基本的な方針
　　https://www.mext.go.jp/a_menu/shotou/seitoshidou/__icsFiles/afieldfile/2018/01/04/1400142_001.pdf
　　2023/08/25 閲覧
文部科学省（2022）．生徒指導提要
文部科学省（2015）．性同一性障害に係る児童生徒に対するきめ細かな対応の実施等について
文部科学省（2019）．外国人児童生徒受入れの手引き　https://www.mext.go.jp/a_menu/shotou/clarinet/
　　002/1304668.htm　2023/08/21 閲覧
文部科学省（2021）．外国人児童生徒等教育に関する動画コンテンツについて　https://www.mext.go.jp/
　　a_menu/shotou/clarinet/003_00004.htm　2023/08/21 閲覧

12

保護者への理解と対応

　4月、中学2年生の学級担任になったあなたの所に学級のゆう子さんの母親から電話がありました。母親は「ゆう子のクラスを替えてほしい。よう子さんと同じクラスだといじめられそうだ。まき子さんと一緒なら安心だからまき子さんと同じクラスにしてほしい」と担任のあなたに訴えました。あなたはどう対応しますか？

　子どもたちの人間形成や成長発達には学校と保護者そして地域が協力して関わることが必要です。そのためには、まず保護者と双方向のコミュニケーションを図り信頼関係を築くことが大切です。子どもの成長を願うのは教師も保護者も同じです。しかし、昨今さまざまな価値観や人生観をもった保護者がいます。本章では、保護者との関係づくりの工夫、保護者との面談、難しい要求をする保護者の対応について学びます。

■■ 1. 保護者との関係づくり ■■

　あなたが学級担任になったとしたら、まず学校や担任としての考え方を保護者に伝えること、何かあったら気軽に「先生に相談してみよう」と保護者に思ってもらえるような関係をつくることが求められます。そのためには次のような工夫をしていきましょう。

（1）学年通信や学級通信等を利用する

　学年通信や学級通信は、担任や学年の先生と子どもの心、保護者の心をつなぐものです。学年のはじめの号では、担任をはじめ学年の先生がどのような人たちで、どのような目標をもって子どもたちに接していこうとしているのかを紹介すると、保護者は安心できます。また、学級での子どもたちの様子は保護者にとっての最大の関心事といってもよいでしょう。日常の子どもの様子を伝えるにも学級通信は大切な役割を果たします。

　たとえば運動会に向けて学級通信で「来週からいよいよ運動会の朝練習が始まります。A組では"団結"を目標にみんなで応援団旗を制作しました。朝早く起きて登校するのは大変ですが、保護者の方々のご協力をよろしくお願いします」と保護者の方々に協力をお願いし、「子どもたちは毎日練習をがんばって、最初はなかなか息の合わなかった"むかで競走"も今はよいチームワークが育ってきています。運動会の当日には日頃の成果をぜひ見にいらしてください」と学級の子どもたちの様子を伝えて行事への参加を呼びかけることができます。そして運動会の当日の模様や児童生徒の感想を載せることで、保護者は子どもたちと体験を分かちあうことができます。また、保護者の感想やアンケートを載せることで担任と保護者双方向のコミュニケーションのツールとすることも可能です。

（2）保護者会を活用する

　保護者会は担任が学級の保護者に「自分を知ってもらう」「学級の様子を知ってもらう」機会であるだけでなく、保護者同士がお互いに知りあい、つながることのできる数少ない機会です。**構成的グループ・エンカウンター**（第14章1参照）を活用することで緊張をほぐし、互いの意見や考えを尊重する雰囲気をつくりながら「今日は保護者会に参加して良かった」「また保護者会に参加してみよう」と思ってもらえるような展開ができるようにしましょう。

　たとえば、最初の保護者会は担任の先生も保護者も緊張しています。「これから1年間同じ学級で、ともに子どもの成長を支えあう仲間同士、よろしくお願いしますという気持ちを込めて握手をしましょう」というインストラクション（これから行うグループワークの目的や方法の説明）を行い、教師も輪のなかに入って互いに握手をするだけで、保護者会の雰囲気は和みます（アイスブレイキング：初対面の人同士が出会った際の緊張を解きほぐす手法。集まった人を和ませ、コミュニケーションをとりやすい雰囲気をつくります）。さらに教師の自己紹介「YES・NO」クイズ（國分・國分. 2009）などのエクササイズを行い、保護者同士で話しあいを深めてもらうとともに担任を知ってもらうことができます。また、保護者にグループ・エンカウンターを体験してもらうことで、生徒に行ったグループ・エンカウンターの様子を理解してもらいやすくなります。

　そして2回目の保護者会からは、児童生徒にアンケートを実施してその結果を紹介する、行事の様子を映像で紹介するなど、子どもたちの様子を伝えることを心がけましょう。グループ・エンカウンターも学級の様子や生徒の発達段階を加味し、「自分の見方を変える―リフレーミングワーク」（第14章3参照）や「子どもに伝わるメッセージ――私メッセージ」（國分・國分. 2009）などを行い、普段の自分と子どもの関係をふり返ってもらえる、あるいは子どもに対するあらたな視点が開けるようなグループワークを取り入れると良いでしょう。

　なお、保護者会でグループ・エンカウンターを行う場合は、工夫が必要です。遅れて参加した保護者が途中からでも参加できるよう、プログラムの流れを示したり、副担任の先生にフォローをお願いする、早退する保護者に感想を書いてもらう、「やりたくない」という気持ちをもつ保護者には見学してもらうといった配慮があることで、安心して参加してもらうことができます。

（3）学校行事を活用する

　授業参観、運動会、文化祭、合唱コンクールなどの学校行事は、保護者に学校や学級、子どもたちの日常の姿を知ってもらえる貴重な機会です。最近は家庭や地域に開かれた学校づくりを目指して、特定の授業の参観ではなく、保護者や地域の方に、気軽に学校を訪れて普段の様子を見学してもらい、学校の教育活動への理解を深める機会となるよう、学

校公開期間を設けている学校が増えています。学級での授業を見学してもらう際には、授業のねらいや展開のわかるプリントを準備したり、普段に増して一人ひとりの子どもに目を向けた多角的な授業をするなどの配慮をすることも大切です。また、学級の掲示物や生徒の作品、展示方法を工夫することで、学級の

図 12-1　「今年の抱負」の絵馬の展示

雰囲気や子どもたちの様子を伝えることもできます。たとえば生徒の自己紹介カード、書道や美術の作品、新年に「今年の抱負」「今年の目標」を書いた絵馬、などを掲示します。一人ひとりの作品が集まって大きな１つの作品となる等掲示の仕方を少し工夫することで、「生徒の協力・協働」が視覚的に理解できます。

（4）定期面談を活用する

　定期面談は、保護者と一対一で話しあえ、家での子どもの様子や保護者が気がかりなことを聴ける数少ない機会です。もちろん担任として子どもの様子を直接伝える機会でもあります。その際は伝え方を考えましょう。同じことを伝えるにしても、伝え方により相手の受け取り方が変わります。

■ ワーク 12−1　　保護者への伝え方の工夫

　さとし君（小学校３年）は毎朝元気な声で挨拶をしてくれます。体育係の仕事にも熱心に取り組んでいます。しかし宿題や提出物の提出をし忘れることがよくあり、今学期はテストの点は良かったのですが成績が下がってしまいました。二者面談で担任の先生は次のようにさとし君の母親に伝えました。

　担任の先生「さとし君は宿題や提出物の提出が悪いですね。これではいくらテストの点が良くても成績に結びつかないですね。」

　さとし君母「すみません。」（心のなかで "どうして先生はうちの子の悪いところばかり指摘するんだろう。テストをがんばったことを認めてくれてもいいのに……。こんな先生のクラスではうちの子がかわいそう……"）

> あなたが担任だったらさとし君の母親にどう話をしますか。

　子どもの問題点を指摘する場合は、その前にその子の良いところをいくつか伝えることを心がけると良いでしょう。そのためには普段から子どもをよく観察して小さなことにも気づくこと、見方を変える（リフレーミング）（第 14 章参照）ことが大切です。

また、保護者が話しやすい雰囲気をつくることも大切です。なかなか話し出せない保護者にはこちらから「いつも何時頃就寝しますか」「ご家庭では、学校のことを話されたりしますか」「家ではどのように過ごされていますか」「何か気がかりなことがありますか？」など、家での様子を聞くとよいでしょう。

■■ 2. 保護者との面談 ■■

(1) 保護者との面談で心がけること

ここでは、子どものことで個別に保護者と話しあう必要が生じた場合や、保護者から「相談したいことがある」と申し出があり面談する場合について考えてみたいと思います。面談をした後に「学校に相談にきて良かった」「これからも先生と話しあっていこう」と保護者に思ってもらえるような面談にするためには、次の心構えをもつことが大切です。

① **保護者をたてて、日頃の苦労を十分に汲み取る**：面談の時間や会う人数をあらかじめ伝えることから、保護者との面談は始まっています。面談時間は１時間程度に設定します。また、担当する教師の人数は保護者プラス１人とし、名前もあらかじめ伝えておくのがよいでしょう。保護者が来校したら、まずは忙しいなか、学校に来てくれたことへ感謝の気持ちを伝えましょう。保護者の話や訴えを聴きながら、これまでの子育ての苦労や問題解決に向けての努力を労うことも大切です。

② **保護者の話を聴こうとする気持ちをもつ**：子どもの問題行動について話しあう場合や、保護者が一方的に教師や学校を批判する場合は、ついこちらの意見や考えを先に話したくなりますが、まずは保護者の話に耳を傾けて聴くことから始めましょう。

③ **保護者の立場や気持ちを理解しようとする**：さまざまな訴えの底にある保護者の思いを聴き、願いを見つけることがとても大切です。

■ ワーク12-2 保護者の思いや願いを考える

冒頭の母親の訴えを思い出してください。「ゆう子のクラスを替えてほしい。よう子さんと同じクラスだといじめられそうだ。まき子さんと一緒なら安心だからまき子さんと同じクラスにしてほしい」と訴えるゆう子さんの母親に担任の先生は次のように応じました。

担任の先生「今からクラスを変えるのは難しいと思います。今までゆう子さんはよう子さんにいじめられたことがあるのですか。」

ゆう子さん母「今まではないけれど、よう子さんはいじめっ子だっていうし、いじめられたら学校はどう責任をとってくれるの!!」

(1) あなたは、ゆう子さんの母親の思いや背後にある願いは何だと考えますか。

```
┌─────────────────────────────────────────────┐
│                                             │
│                                             │
│                                             │
│                                             │
└─────────────────────────────────────────────┘
```

（2）あなたが担任なら、ゆう子さんの母親の思いや願いに配慮してどう言葉をかけますか。

④ **保護者の背景を理解する**：また、保護者にはさまざまな背景があることを理解することも必要です。かかわりが難しくなるケースとして以下のような点が考えられます。

ａ）ゆとりのなさ：保護者がエネルギーを育児や教育に十分に注ぐことができない状況（経済的な問題を抱えている、ひとり親で仕事と子育ての両立に困難を抱えている、保護者が病気である、介護を必要とする家族がいる、夫婦関係や嫁姑関係、親戚関係、地域との関係などで問題を抱えている等）にある場合です。

ｂ）親としての行動を学び、身につける機会の欠如：保護者は子どもが生まれてから親となり、子育てをしながら親として成長していくといえるでしょう。なかには自分が幼少期、不適切な養育を受けていた場合や、身近によい親のモデルとなる人がいなかった場合、あるいは現在の子育てを支援してくれる人や環境がない場合もあるでしょう。そういった場合は、保護者としての成長を支援するかかわりが必要です。

ｃ）生じている問題の重さ：児童生徒の問題が大きく、周囲が支援をしても容易に改善されない場合もあります。「だれが取り組んでも難しい」ということを保護者と教師が相互に認めあい、互いを責めずに、さまざまな人や機関の支援を得つつ根気よく取り組むことが必要です。

ｄ）価値観の多様さ：価値観は人によってさまざまです。学校に対する考え方も一様ではありません。多くの教師は「子どもが学校に来るのは当たり前」と思っていますが、なかには、「受験の前には塾で学習した方が良い。そのためには学校を早退してもかまわない」と考える保護者もいるかもしれません。互いの考え方に耳を傾けながら、具体的なことがらに沿って冷静に対応する態度が必要です。

⑤ **問題解決の具体的な方法を保護者とともに考える**：問題点や課題について保護者と教師が共通の理解をして、次にその課題について、「ともに考えて協力して解決していく」姿勢を示すことが大切です。

■■■ ワーク12-3　保護者とともに考えていく姿勢

ひろし君（中学1年生）は最近遅刻が増え、授業中もあくびをしているのが気になります。学級担任の先生は次のようにひろし君の母親に伝えました。

担任の先生「ひろし君は最近授業中にあくびをしたり、遅刻が増えています。睡眠が不足しているのではないですか。」

ひろし君母「ゲームをして夜更かしして朝なかなか起きられないようです。」

担任の先生「早く寝るようご家庭で指導してください。」

ひろし君の学級担任として「ひろし君の問題をともに考えていく」応対を考えてみましょう。

⑥　**自分を客観視する**：保護者と面接する際に、自分自身の考え方や価値観についてセルフチェックすることも必要です。「自分の考え方は世間の常識とずれていないだろうか」と自分に問いかけてみましょう。自分の性別や年齢が保護者にどう映っているかに思いを巡らすことも忘れてはなりません。若い先生に対して「子育ても結婚もしていない先生に私の気持ちはわからない」と思う保護者もいるでしょうし、ベテランの先生に対して「先生の考え方はもう古い。私たちの世代の考え方はわからない」と考える保護者もいるかもしれません。また、教師自身が自分の家族や両親との関係を整理しておくことも大切です。過保護な親の下で育ち、就職してからも何かと心配してくれる親を「うるさい」と思っている先生は、少し過保護な児童生徒の親に対して「過保護すぎる」と必要以上に否定的な感情を抱くかもしれません。誰しも自分の育った家庭や受けてきた教育が考える基準となっているわけですから、まずは自分自身を知ることから始めましょう。

■ワーク12-4　セルフチェックをしよう

以下の文を完成させながら、自分の親子関係を整理してみましょう。

①　私の親が一番厳しかったのは＿＿＿＿＿＿＿＿＿＿＿＿＿＿＿＿＿＿時。

②　私の親がよくほめてくれたことは＿＿＿＿＿＿＿＿＿＿＿＿＿＿＿＿。

③　親を思い浮かべると私は＿＿＿＿＿＿＿＿＿＿＿＿＿＿＿＿＿＿＿。

（2）保護者にアドバイスする場合の心得

相談の際、保護者にアドバイスする場合は以下のことに留意しましょう。

①　学校や教師が考える問題解決の目標や、少し先の見通しを伝え、話しあう。

②　これまでの保護者の子どもに対するかかわり方で、適切と思われることを肯定する。

③　保護者に指示する場合は具体的で少しの努力でできることを選ぶ。

（3）理不尽な要求をする保護者への対応

保護者のなかには学校や教師に無理難題を要求したり、難癖をつけてきたりする場合があるのも事実です。その場合は決してひとりで抱え込まず、必ず学年主任や管理職に報告して複数の教員で対応します。まず、保護者の話を聴き、「貴重なご意見をありがとうございます」と感謝の意を伝えた上で、保護者の希望を聞きながら学校の考えを伝えていくことが必要です。一方的な要求をされたり、かかわりを否定されたりすると不快な感情に襲われますが、保護者の訴えの背後にある「願い、思い」に目を向けることが大切です。「先

生の教え方が悪くてうちの子は勉強ができない」と訴える母親の背後には「うちの子はなぜ勉強ができないのだろう。このままで大丈夫だろうか」といった不安が隠れているのかもしれません。もしくは毎日仕事や育児、家事に追われて、自分の話を聴いてくれる人がいないのかもしれません。訴えの背景にあるものの理解に努めつつ、子どものために問題解決に結びつくことをともに考えていくことができるように提案し、目標の共有を目指します。福祉的な対応が必要、法律上の問題が関係している等、学校での対応が難しい場合は、専門家（教育委員会、警察、児童相談所、精神保健福祉センター、保護司、民生委員、弁護士等）の力を借りることも必要です。

■■ 3. ま　と　め ■■

　本章では、子どものすこやかな成長には保護者との協働が不可欠で、保護者と日頃から良好な関係をつくることが大切であること、保護者との面談では保護者の訴えを傾聴すること、訴えの底にある保護者の気持ちや保護者の背景の理解が必要であることを学びました。

■ ワーク12−5　　子ども・保護者・担任の思い

　次の事例について (1) けんた君の思い・(2) 母親の思い・(3) 担任の思いについて考え (4) 担任としての応答を記入してみましょう。

　けんた君はひとりっ子で子どもの頃から正義感が強く、中学に入学後は「中学生になったのだから、中学生らしい言動をしよう」とはりきって学習に励んでいました。ところが級友たちは、チャイムが鳴っても着席しなかったり、掃除中おしゃべりをしてきちんと掃除をしなかったりして、けんた君はその度に、「中学生らしくちゃんとやろうよ」と声をかけていました。最初のうちは、「わかったよ」とけんた君の発言に従っていた級友も、しだいに白けたような顔をするようになり、けんた君は何だか学校がつまらなくなってしまいました。連休明けのある朝、母親が起こしに行くとけんた君は「もう、学校に行きたくない」と部屋から出て来ませんでした。母親が「何か学校で嫌なことがあったの」と尋ねると、けんた君は「別に。ただ、クラスの友だちが子どもっぽくてつまらない」と言うのです。休みが数日続いた後、けんた君の母親は担任のあなたのところに相談に来ました。けんた君の母親に対する応対を考えましょう。

　けんた君母「うちのけんたは小さい頃から正義感が強くて、友だちや先生、私たちにも自分の思いをはっきりと言ってしまうことが多いのです。なにか、けんたなりの理由があるのかもしれないのですが……。学級のなかでも、けんたは『変わり者』『正義感が強すぎる』と思われているのではないでしょうか……。今みたいに、『学校には行かない』と言われるのが一番困るのです。……先生、どうしたらいいでしょうか。」

---

　(1) けんた君の思い

---

(2) 母親の思いや願い

(3) 担任の思い

(4) 担任としてけんた君の母親への応答を考えましょう。

‖ 推 薦 図 書

飯塚 峻・有村 久春（編）（2006）．図でわかる教職スキルアップシリーズ5　信頼でつながる保護者対応　図書文化社：教師になった場合の保護者への対応が項目別によく整理され理解しやすい。
國分 康孝・國分 久子（監修）（2009）．エンカウンターで保護者会が変わる──保護者と教師がともに育つエクササイズ集　中学校──　図書文化社：エンカウンターを用いて保護者との信頼関係、保護者同士の関係づくりを行う際にぜひ読んでいただきたい1冊。

【引用・参考文献】

合田 淳郎（2014）．スペシャリスト直伝！　中学校クラスづくりの核になる学級通信の極意　明治図書出版
飯塚 峻・有村 久春（編）（2006）．図でわかる教職スキルアップシリーズ5　信頼でつながる保護者対応　図書文化社
向後 礼子・山本 智子（2019）．ロールプレイで学ぶ教育相談ワークブック──子どもの育ちを支える　第2版──　ミネルヴァ書房
小林 正幸・橋本 創一・松尾 直博（編）（2021）．第3章　教師と保護者のコミュニケーション　教師のための学校カウンセリング改訂版　有斐閣
國分 康孝・國分 久子（監修）（2009）．エンカウンターで保護者会が変わる──保護者と教師がともに育つエクササイズ集　中学校──　図書文化社
國分 康孝・國分 久子（総編集）（2004）．構成的グループエンカウンター事典　図書文化社
國分 康孝・國分 久子（監修）（2003）．育てるカウンセリングによる教室課題対応全書10　保護者との対応　図書文化社
文部科学省（2023）．生徒指導提要　東洋館出版社
諸富 祥彦（1999）．学校現場で使えるカウンセリング・テクニック下　誠信書房

諸富 祥彦・植草 伸之（編）（2004）．カウンセリングテクニックで極める教師の技　第 2 巻　保護者とうまくつきあう 40 のコツ　教育開発研究所

教師のメンタルヘルス

中川先生は29歳の中学校の女性教師です。元来がんばりやで、人に頼まれると嫌とはいえない性格で、担任とバレーボール部の顧問として熱心に取り組み生徒からも信頼されていました。ところが7月にバレー部の1年生の女子から、上級生にいじめられていると相談を受けました。中川先生は上級生からも話を聞き、下級生の立場になって行動するよう厳しく指導しました。それ以来中川先生は部活動の生徒との距離が遠く感じられ、部活動の指導も空回りしているように感じられます。同僚の先生や副校長先生に相談しても「中川先生はがんばりすぎなんだよ」という言葉が返ってくるだけです。最近では「自分には教師としての適性がないのではないか」と思い悩むようになり、睡眠が浅くなり、食欲も湧かず、いつもイライラするようになってしまいました。

■■ 1. ストレスとは ■

ストレスとは、私たちが外部の刺激を受けた時に心身に起こるさまざまな反応（ストレス反応）と、その原因となる刺激や出来事（ストレッサー）をいいます。押されてへこんだボールが元に戻るように、私たちもストレスを受けて体調を崩しても、休むことで健康な状態に回復します。ところが圧迫が強すぎたり長すぎたりすると、ボールは元に戻らなくなってしまいます。私たちの身体も同じように、ストレスが強すぎたり長くさらされてしまうと、さまざまなストレス反応が現れ体調を崩してしまいます。

心理・社会的ストレスの場合は、ストレッサーがそのままストレス反応に現れるわけではありません。ストレッサーをどう受け止めたのかという**認知的評価**と**コーピング**（対処法）によってストレス反応は異なったものになります。

また、ストレスは不快なものばかりではありません。たとえば、夢や目標、良い競争相手や同僚、周囲からの期待など、私たちに心地よい緊張をもたらし、人生を豊かにしてくれるストレッサーもあるのです。

表 13-1　さまざまなストレッサー（ストレスの原因）

物理的	寒冷、騒音、混雑など
化学的	公害物質、薬物、酸素欠乏など
生物学的	炎症、感染、過労、睡眠不足
心理・社会的	人間関係や仕事上の問題、家庭の問題など

表 13-2　さまざまなストレス反応

心理面	活気の低下、イライラ、不安、抑うつ（気分の落ち込み、興味・関心の低下）
身体面	体のふしぶしの痛み、頭痛、肩こり、腰痛、目の疲れ、動悸や息切れ、胃痛、食欲低下、便秘や下痢、不眠
行動面	暴飲暴食、飲酒量や喫煙量の増加、仕事でのミスや事故、攻撃的言動など

（1）あなたにとってどんなことがストレスになりますか。

（2）ストレスがたまるとあなたの身体や心にどのような変化が起こりますか。

■■ 2. コーピングとストレスをためやすい人の特徴 ■

（1）コーピング

　ストレスとうまくつきあうには、さまざまな**コーピング**の方法を知り、活用できることが大切です。積極的な問題解決だけでなく、時には問題から距離をとる、気晴らしをする、周囲に援助を求めるなども大事なコーピングなのです。さらには、呼吸法・筋弛緩法・自

表 13-3　ストレスコーピングの種類と方法（嶋田ら，2010）

コーピングの種類	コーピング方法	チェック	コーピングの内容
情報を集める	問題の原因を明らかにして積極的に解決しようとする		詳しく知っている人から自分に必要な情報を集める
			本やインターネットで自分に必要な情報を集める
			実力者に教えを受けて解決しようとする
問題解決の計画を立てる	問題の原因を明らかにして積極的に解決しようとする		原因を考え、どのようにしていくべきか考える
			反省し、次にすべきことを考える
あきらめる	問題が起きたことはしょうがないこととあきらめる		自分のせいで起きたわけではないので仕方ないと納得する
			解決できない問題だと考え、あきらめる
			どうすることもできないと解決を後のばしにする
見方を変える	問題を別の視点から見るようにする		乗り越えると自分にとって良い経験になると考える
			悪い面ばかりでなく、良い面を見つけていく
			今後は良いこともあるだろうと、楽観的に考える
くよくよ考えないようにする	問題から距離をとる		そのことをあまり考えないようにする
			無理にでも忘れる
気晴らしをする	問題から一時的に距離をとる		旅行や買い物に出かけリフレッシュする
			スポーツなどを楽しむ
			好きなものを食べたり、友達とお茶を飲んだりする
誰かに話をきいてもらう	他者からの援助を求める		誰かに話を聞いてもらい、気を静めようとする
			誰かにグチを聞いてもらい、気持ちをはらす
責任をのがれる	問題を否認する		自分は悪くないと、言いのがれる
			他の人のせいにする
			うそをついて逃げる

律訓練法など、自分でリラックスできる方法をもつことも有効です（詳細は第10章ワーク 10-1, 10-2 参照）。

(2) ストレスをためやすい人の特徴

同じストレスを受けても耐える力は人によって異なります。次のような人はストレスをためやすいとされています。

> 几帳面で神経質、完璧主義、負けず嫌い、ものごとへのこだわりが強い、周囲に気を遣いすぎる、柔軟性に乏しい、嫌と言えない

学校・企業・職場に求められている人でもある。

真面目で頑張っている人ほど、ストレスをためやすく、燃え尽き症候群やうつ病になるリスクが高いともいえるのです。

3. 燃え尽き症候群にならないために

(1) 燃え尽き症候群（バーンアウト）とは

バーンアウトとは、燃え尽きるという意味で、心身のエネルギーが尽き果てた状態です。それまでひとつのことに没頭していた人が、心身の極度の疲労によって、ある日突然、まるで燃え尽きたかのように意欲を失い、社会に適応できなくなってしまうことを指します。

(2) どんな人がなりやすいか

教師、医師、看護師、介護士、臨床心理士、福祉関係者などの対人援助職の人や仕事熱心な人がなりやすいといわれています。

(3) どんな時になりやすいか

精力的・献身的に取り組んできたことが期待はずれの結果に終わった時、仕事を進めるにあたり、仕事の範囲が決まっていない、正当な評価が得られない、周囲からのサポートがない時になりやすいといわれています。

(4) どんな症状が現れるか

疲労感、全身倦怠感、さらには動悸、息切れ、食欲不振、頭痛などの身体症状、意欲の低下、不安、イライラ、情緒不安定といった精神症状が現れます。ストレスに早めに気づき対処することが大切です。

■ ワーク13-2　あなたのストレスコーピング法

(1) あなたのストレスコーピング法（ストレスの対処方法）をあげてみましょう。

(2) ワーク13-1、ワーク13-2（1）を記入して気づいたこと、これから取り入れてみたいコーピング法を記入しましょう。

■■ 4. 教師のメンタルヘルスに関する現状 ■■

　文部科学省「令和3年度公立学校教職員の人事行政状況調査について」（2022）によると、精神疾患による教員の病気休職者は2021（令和3）年度に5,897人、深刻な状況であることがわかります。在職者に占める精神疾患による病気休職者の割合は2012（平成24）年までの10年間で約2倍に上っており、その後も微増しています。精神疾患により休職している教員について以前は40代50代が多かったのですが、2022（令和4）年は20代、30代、40代が多くなっています。また、公立小・中・高・特別支援学校における教員全体の在職者に占める割合は、平成23年では中学校（0.66%）、特別支援学校（0.68%）の割合が高く、2021（令和3）年では特別支援学校（1.58%）、小学校（1.33%）の割合が高くなっており、年代や学校種別の特徴を押さえた取り組みが重要となっています。2023年度、文部科学省予算では、新規事業に「公立学校教員のメンタルヘルス対策に関する調査研究事業」がスタートし、教員を対象としたオンライン相談やストレスチェックのICT導入などが開始される予定です。

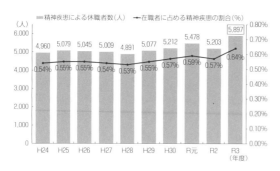

図13-1　教員の病気休職者数（文部科学省, 2022）

20代	1,168人	0.78%
30代	1,617人	0.77%
40代	1,478人	0.77%
50代以上	1,638人	0.53%

図13-2　2022（令和4）年度精神疾患で休職した公立学校の教員数　年代別（文部科学省, 2022）

■■ 5. 日本の先生は働きすぎ？ ■

TALIS 2018（OECD 加盟国等48 ヵ国・地域が参加（初等教育は15か国・地域が参加）の小・中学校の教員を対象に実施した学校での指導状況や勤務環境に関する調査）で、日本の教員の1週間当たりの勤務時間は、調査に参加した48ヵ国・地域の教員の平均38.3時間を大幅に上回る56時間で前回（2013）同様トップであるとの結果が報告され、日本の教員の多忙さが改めて確認されました。また、課外活動（スポーツ／文化）の指導時間がとくに長く（参加国中トップ）、事務業務、授業の計画・準備時間も長いことがわかります。さらにあらたな調査項目の教員のストレスでは「事務的な業務が多すぎること」、次に「保護者の懸念に対処すること」についてのストレスが高いことが示されました。

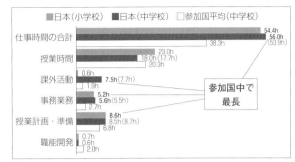

図 13-3　教員1週間あたりの仕事時間（文部科学省・国立教育政策研究所，2019）

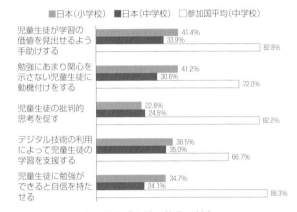

図 13-4　高い自己効力感を持つ教員の割合（文部科学省・国立教育政策研究所，2019）

2013年のTALS結果を鑑み文部科学省は「学校における働き方改革答申」（2019）を通知し、この改革では学校や教師の担う業務を明確化し教員以外の専門スタッフや外部人材を活用すること、組織運営の見直し、教職員の意識の改革について具体的な提言がなされています（文部科学省，2023「全国の学校における働き方改革事例集（令和5年3月改訂版）及び働き方改革チェックシート」参照）。

　また、日本の教員の自己効力感（こうすればうまくいくはずだという期待や自信のこと）は全般的に低い傾向にあり、とくに「生徒の批判的思考を促す」、「生徒に勉強ができると自信を持たせる」、「勉強にあまり関心を示さない生徒に動機づけをする」、など生徒の主体的な学びを引き出すことに関わる事項について、参加国平均と比べて顕著に低いことが明らかになりました。教員の自己効力感の低さについては、授業方法に工夫を加えると改善される可能性があり、生徒の主体的な学びを促すために、アクティブ・ラーニングの視点からの授業改善やICTを活用した教育の推進が求められています。

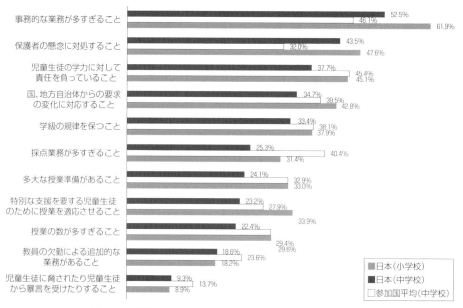

事務的な業務が多すぎること	52.5% 46.1% 61.9%	
保護者の懸念に対処すること	43.5% 32.0% 47.6%	
児童生徒の学力に対して 責任を負っていること	37.7% 45.4% 45.1%	
国、地方自治体からの要求 の変化に対応すること	34.7% 39.5% 42.8%	
学級の規律を保つこと	33.4% 38.1% 37.9%	
採点業務が多すぎること	25.3% 40.4% 31.4%	
多大な授業準備があること	24.1% 32.9% 33.0%	
特別な支援を要する児童生徒 のために授業を適応させること	23.2% 27.9% 33.9%	
授業の数が多すぎること	22.4% 29.4% 29.6%	
教員の欠勤による追加的な 業務があること	18.6% 23.6% 18.2%	
児童生徒に脅されたり児童生徒 から暴言を受けたりすること	9.3% 13.7% 8.9%	

凡例：日本（小学校）／日本（中学校）／参加国平均（中学校）

図 13-5　教員のストレス（文部科学省・国立教育政策研究所，2019）

■■ 6. 職場で受けるストレス ■

　働く人が、不安・悩み・ストレスと感じているもののベスト3は、①職場の人間関係の問題（上司、同僚、部下との関係）、②仕事の量の問題（仕事の量の多さ、残業の多さ）、③仕事の質の問題（求められる質が高くて負担になる、もしくは質が低くてやりがいがない）とされています。

■ ワーク13-3　教師のストレス

これまでの学習から、教師がストレスと感じていることをあげてみましょう。

① 人間関係の問題

② 仕事の量の問題

③ 仕事の質の問題

■■ 7. 教師のメンタルヘルス向上のために ■

次に教師に必要なコーピングについて考えてみましょう。

① **周囲からのサポートを得よう**：自分から周囲にサポートを求めるのは勇気がいること かもしれませんが、「今、これだけの仕事を抱えていて期限までに終わりそうにないの で手伝っていただけますか」「今、山田君の保護者の対応に困っているのですが……」等、 困っていることを相談するのはとても大切なことです。なかには「人に手助けを求める のは恥ずかしいこと」という考えをもっている人がいるかもしれませんが、「必要な時 に助けを求めるのは大事なこと」と考えを転換しましょう。学校内でサポートが得られ

表 13-4　教師のためのストレス・セルフチェック表（中島，1997 をもとに作成）

以下にあげる項目のうち、最近 1 ヵ月の間に当てはまる項目に○をつけてください
・食欲が低下したり、過食気味になった
・タバコやコーヒーの量が増えてきた
・酔って愚痴をこぼすようになった
・夜中に目がさめやすくなった
・めまいや動悸を感じやすくなった
・朝から頭や体が重い
・通勤途中にイライラしやすくなった
・児童・生徒とすれちがっても話したくない
・職員室での会話が減った
・学級全体を掌握しにくくなった
・児童・生徒の考えを聴く余裕がなくなった
・授業の進め方が一方的になってきた
・児童・生徒を叱りやすくなった
・保護者に連絡するのが面倒になってきた
・同僚教師の欠点が目につくようになった
・校長や教頭の考え方に、批判的になった
・学校行事の準備が面倒になってきた
・テストの採点ミスが増えた
・職員室の自分の机がちらかってきた
・教育雑誌を読まなくなってきた
あなたの合計チェック数　　　コ
○の項目数
（1）0～5 コ……ストレスコントロール良好です
（2）6～10 コ……ストレス予備状態です（要注意）
（3）11～15 コ……ストレスコントロール不良です（要休養）
（4）16～20 コ……ストレスによる不適応状態です（要相談）

ない場合は、外部の相談機関を利用するのもよいでしょう。

② **職場の人間関係を良好に**：普段から職員間の良好な人間関係をつくるよう心がけましょう。学年の先生方、教科の先生方とコミュニケーションをとり、お互いに相談しやすい雰囲気をつくることや、仕事をたくさん抱えている同僚に「何か手伝えることありますか」とさりげなく声をかける、一杯のお茶をふるまうなどお互いを気遣うことがストレスの少ない職場環境づくりの一歩です。

③ **複数のコーピング方法をもつこと**：これまでにふれた通り、ストレスと上手につきあうには複数のコーピング方法をもつことが大切です。

④ **ストレスに早めに気づき対応する**：ストレスに早めに気づくには普段から**セルフモニタリング**（自分の状態をできるだけ正確に把握すること）をして自分でストレスチェックをすることが大切です。表12-4のチェック表を活用してください。p.106にあげた「学校における子供の心のケア」（文部科学省，2014a，p.43）にも教師のためのふり返りリストがあるので活用しましょう。

■ ワーク13-4　　教師のストレスコーピング

冒頭の事例であなたが中川先生だったら、自分の状態にどのように対処するか考えましょう。

■■ 8. ま　と　め ■

本章では、教師のメンタルヘルスの維持と向上のために、現在の教師の抱えるストレス（仕事が多忙、子ども・保護者・同僚・管理職との人間関係等）とそのコーピング方法について学びました。

■ ワーク13-5　　こころの整理をしてみよう

こころのなかにあるさまざまな「気がかり」を整理する手法のひとつに、フォーカシングという技法のなかで用いられるクリアリング・ア・スペース（こころの空間作り）があります。ここでは諸富（2009）の紹介する方法を参考に自分のなかの「気がかり」を整理してみましょう。

(1)「今、どんなことが気になっているのかな」「気がかりなことは何かな」と自分に問いかけます。

(2) 次に浮かんできた「気がかり」を自分の好きな安心できる場所（たとえば、自分の部屋・広い野原・森の中）をイメージしてちょうどよい感じのする場所に置きます。

(3) （1）・（2）をくり返します。

(4) どこに置くかは、自分のこころに尋ねます。「レポートのことはどのあたりかな？できるだけ遠くに置きたい？では、このあたりかな」……そんな風に自分のこころに尋ねながら「気がかりなこと」を一つひとつ「置いて」いくのです。「試験のことはしばらく考えたくないから見えない後ろの方に置こう」「誕生日会のことはすぐそばに置こう」……こうして、すべての「気がかりなこと」をちょうどいい場所に置くのです。

途中で、「やっぱり、このへんに置こう」と置き場所を変えてもかまいません。

すべて置き終わったら、少し遠くからながめてみましょう。

(5) あるいはB4くらいの1枚の用紙を自分の「こころの部屋」に見立てて、いろいろな「気がかり」を書いていく方法もあります。後から思い浮かんだ「気がかり」との関係で前に書いた位置が適当でないと感じたら、書き直してかまいません。

すべての「気がかりなこと」を書き終わったら、少し離れたところからその紙をしばらくながめてみましょう。

このように少し離れたところから、今の自分や自分の全体状況を見る、自分を客観的に見ることで、こころのスペースをつくることができ、あらたな考えや気持ちが湧いてくるかもしれません。

‖ 推 薦 図 書

諸富 祥彦（2009）．教師の悩みとメンタルヘルス　図書文化社：教師のさまざまな悩みについて具体的な提案や解決のヒントが得られる本です。著者の諸富は「教師を支える会」（https://morotomi.net/sasaeru/）というサポートグループの代表を務めています。
文部科学省（2014）．学校における子供の心のケア──サインを見逃さないために──

【引用・参考文献】

Ann Weizer Cornell *The Focusing Student's Manual* (3rd ed.)（アン・ワイザー・コーネル，村瀬 孝雄（監訳）大澤美枝子（訳）(1996)．フォーカシング入門マニュアル　第3版　金剛出版）
池見 陽（1995）．心のメッセージを聴く──実感が語る心理学──　講談社

厚生労働省（2023）．こころの耳　働く人のメンタルヘルスポータルサイト
　　http://kokoro.mhlw.go.jp/　2023/08/25 閲覧
厚生労働省・独立行政法人労働者健康安全機構（2019）．こころの健康気づきのヒント集
　　https://www.mhlw.go.jp/stf/seisakunitsuite/bunya/0000055195_00004.html　2023/08/25 閲覧
国立教育政策研究所（2013）．OECD 国際教員指導環境調査（TALIS）2013 年調査結果の要約
　　https://www.nier.go.jp/kokusai/talis/imgs/talis2013_summary.pdf　2015/3/20 閲覧
増井　武士（2007）．こころの整理学——自分でできる心の手当て——　星和書店
文部科学省（2013）．教職員のメンタルヘルス対策検討会議の最終まとめについて https://www.mext.go.jp/
　　b_menu/shingi/chousa/shotou/088/houkoku/1332639.htm（2015 年 3 月 20 日）
文部科学省（2014a）．学校における子供の心のケア——サインを見逃さないために——
文部科学省（2014b）．OECD 国際教員指導環境調査（TALIS2013）のポイント　https://www.mext.go.jp/
　　component/b_menu/other/__icsFiles/afieldfile/2014/06/30/1349189_2.pdf　2023/08/25 閲覧
文部科学省（2019）．学校における働き方改革に関する取組の徹底について（通知）　https://www.mext.
　　go.jp/a_menu/shotou/hatarakikata/__icsFiles/afieldfile/2019/03/18/1414498_1_1.pdf　2023/08/25 閲
　　覧
文部科学省・国立教育政策研究所（2019）．我が国の教員の現状と課題——TALIS2018 結果より——
　　https://www.mext.go.jp/component/b_menu/other/__icsFiles/afieldfile/2019/06/19/1418199_1.pdf
　　2023/08/25 閲覧
文部科学省・国立教育政策研究所（2020）．OECD 国際教員指導環境調査（TALIS）2018 報告書 vol.2 の
　　ポイント　https://www.nier.go.jp/kokusai/talis/pdf/tails2018-vol2.pdf　2023/08/25 閲覧
文部科学省（2022）．令和 3 年度公立学校教職員の人事行政状況調査について　https://www.mext.go.jp/
　　a_menu/shotou/jinji/1411820_00006.htm　2023/12/28 閲覧
文部科学省（2023）．全国の学校における働き方改革事例集（令和 5 年 3 月改訂版）　https://www.mext.
　　go.jp/a_menu/shotou/hatarakikata/mext_00008.htm　2023/08/25 閲覧
諸富　祥彦（2009）．教師の悩みとメンタルヘルス　図書文化社
中島　一憲（1997）．こころの休み時間——教師自身のメンタルヘルス——　学事出版
嶋田　洋徳・坂井　秀敏・菅野　純・山﨑　茂雄（2010）．中学・高校で使える人間関係スキルアップ・ワー
　　クシート　学事出版

hapter

学校現場で
役立つワーク　14

1. 構成的グループ・エンカウンター
2. お互いを知り合うワーク
3. 自分の見方を変えるリフレーミングワーク
4. コンセンサスグループワーク
5. アサーショントレーニング入門
6. 学校生活にみられる関係性攻撃への対処

　本章では、これまでの章で紹介しきれなかった、いろいろな場面で楽しみながら実施できるワークや対人関係トレーニングの方法を紹介します。教育相談の授業のなかで実施することによって、将来教師やスクールカウンセラーを目指す学生が自分のものの見方、考え方、感じ方、表現の仕方などについての理解を深めるのに役立ちます。また、学校現場では、保護者会や教員研修などで実施することもできます。周囲のおとなが相互理解を深め、信頼関係を築くことは子どもたちを支える良い環境づくりにつながるでしょう。さらに、これらのワークは子どもでも実施可能です。道徳や学級活動、総合的な学習の時間などに活用し、お互いを認めあい、ともに成長する学級づくりに役立ててください。

　本章のワークを充実させるために、解説やワークシートがダウンロードできます。参考にしてください。

1. 構成的グループ・エンカウンター

（1）構成的グループ・エンカウンターとは

エンカウンターとは「出会い」という意味です。グループ・エンカウンターは「今、ここで」の「あるがままの自分」で他者と向きあい感情の交流をする過程で、個人の成長、個人間のコミュニケーションおよび対人関係の発展と改善を促進することを目的としたグループ体験です。構成的グループ・エンカウンターは國分康孝により始められ、教育の場で短時間で行うことができるように、話し合いや共同作業の材料となるワークシートやカードなどを用い、その共通体験のなかで起こった感情についてメンバー相互の交流を促進するものです。ファシリテーター（世話人）はカウンセリングの基本的素養は必要ですが、プログラムを用いることで熟練者でなくても実施が可能です。

	自分が知っている自分	自分が知らない自分
他人が知っている自分	A 自分も知っていて他人も知っている領域 （開放された窓） open	B 自分は知らないが他人は知っている領域 （盲点の窓） blind
他人が知らない自分	⇩ 自己開示 ⇩ C 自分は知っているが他人は知らない領域 （隠された窓） hidden	D 自分も知らないし他人も知らない領域 （未知の窓） dark

図 14-1　ジョハリの窓（Johari's Window）

構成的グループ・エンカウンターを計画的に用いることで、①自己理解、②他者理解、③自己受容、④自己表現・自己主張、⑤感受性の促進、⑥信頼体験を目指すとともに、互いを尊重し認めあう、学級づくり、学年づくりを行うことが可能です。また、保護者会、職員研修で用いることで、互いの関係を促進することができます。ジョハリの窓（Joe Luft & Harry Ingram）で示された「B 自分は知らないが他人は知っている領域」を自己理解によって、「C 自分は知っているが他人は知らない領域」を自己開示によって、「A 自分も知っていて他人も知っている領域」へと開放された窓を拡げていくことになるのです。

（2）構成的グループ・エンカウンターの実施方法

実施する場合は、集団の状況にあったエクササイズとプログラムを選択し、子どもたちの状態に即してアレンジすることが大切です。たとえば中1の新学期は、入学時の不安を分かちあい、お互いを知るワークを行い、2学期はクラスのまとまりをつくるワークを行うなど、年間を通して行うことが効果的です。また、グループの活動にうまく乗ることが難しい子どもに対する配慮（パスしてもよい。パスした場合の役割を与えるなどの工夫）も必要です。実施の手順は以下のような流れになります。

①エクササイズの狙いの提示（目的の確認）

②インストラクション（導入）の実施（役割遂行、自己開示の仕方の確認）

「思ったこと、感じたことを素直に話してみよう」など、具体的に話し、必要な場合はやり方やルールを掲示します。

③デモンストレーション（お手本）の実施

　必要に応じて、教師が実際に行ってやり方を示します。

④エクササイズの展開（自己開示）

⑤インターベーション（介入）

　「エクササイズのやり方がわからない」などの状況がある場合には、状況に応じて再度確認をします。また、関係のない話をしている場合には単に「話し合いをしなさい」と注意するのではなく、「今、みなさんがしているのは雑談のように思います。今、みなさんがすることは何でしょうか？」と事実を伝えるなど生徒自身の気づきを促すような介入を行います。

⑥シェアリング（わかちあい）の実施（相互の自己開示→認知の修正・拡大・自己変革）

　話す役割の人は「今、ここで感じていることを話す」「自分について気づいたこと、学んだことを話す」「友だちについて、気づいたことを話す」ことを目標にしましょう。聞くの人は「相手の話を最後まで聞く」「冷やかしたり、ばかにしたりしない」「わからない時は質問する」「話が終わったら感謝の気持ちを込めて拍手する」ことを心がけましょう。

⑦フィードバックの実施（気づき、自己発見、自己変革の確認）

　ワークシートをまとめたり、学級全体で互いのグループのシェアリングについて発表しあうことで、気づいたことを確認していきます。

‖ 推薦図書・DVD

NHK プロフェッショナル　仕事の流儀　第 46 回「人の中で人は育つ　中学教師・鹿嶋真弓」2007 年 4 月 3 日放送：構成的グループ・エンカウンターを導入した学級運営により、支え合う関係となり、高校受験を乗り越えていった都内のある中学 3 年生のクラスと担任教師を取材したドキュメンタリー・テレビ番組の DVD。

國分 康孝・國分 久子監修（2004）．構成的グループエンカウンター事典　図書文化社：さまざまな年齢や学級状況に即したグループワークが紹介され、実施の際の留意点などが詳しく解説されており、自分で行う場合の指針となる 1 冊。

【引用・参考文献】

Rogers, C. R. (1970). *Carl Rogers On Encounter Groups.* Harper & Row. (ロジャーズ，C. R. 畠瀬 稔・畠瀬 直子（訳）（2007）．エンカウンター・グループ——人間信頼の原点を求めて——新版　創元社)

國分 康孝・片野 智治（2001）．構成的グループ・エンカウンターの原理と進め方——リーダーのためのガイド——　誠信書房

國分 康孝（監修）（1996）．エンカウンターで学級が変わる——中学校編——　図書文化社

國分 康孝・國分 久子（監修）（2004）．構成的グループエンカウンター事典　図書文化社

星野欣生（2007）．職場の人間関係づくりトレーニング　金子書房

大阪グループワーク研究会（編）（2004）．ロータリータウンの秘密　たのしいグループワーク（pp. 56-60）遊戯社

■■ 2. お互いを知り合うワーク ■

解説がHPにあります（🖥ダウンロード）。

■ ワーク14-1　　私をたとえると

(1) それぞれの図形から受ける印象・イメージを書いてみましょう。

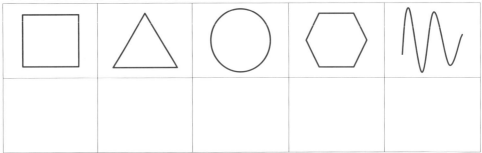

(2) 自分がこころひかれる図形とその理由を書きましょう。

	選んだ（こころをひかれた）図形	選んだ理由（自分の性格や生き方と似ている点）
自分		
（　）さん		
（　）さん		
（　）さん		

(3) グループで互いに選んだ図形とその理由をシェアリングしましょう

時間があれば、各自がそれぞれの図形から感じた印象を伝えましょう。

（國分康孝（監修）(1999). エンカウンターで学級が変わるPart3中学校編　図書文化社を改変）

3. 自分の見方を変えるリフレーミングワーク

ワーク14-2　リフレーミングワーク

あなたが日頃から、自分の短所、欠点だなと感じていることはありますか。
それを相手の人から長所に変えてもらいましょう。

①あなたの名前を書きましょう。

さんは

②あなたが欠点と思っていることを書きましょう。

（こと）を欠点と思っています。

ここまで書いたら、相手の人に渡しましょう。紙を交換してください。

- -

★さて、○○さんの見方を変えて（リフレーミング）してあげましょう。

③しかし、見方を変えれば

という長所だともいえます。

（次のページ表14-1のリフレーミング辞書を参考にしましょう）

④リフレーミングした結果を○○さんに伝えます。①②③の順に続けて読んであげましょう。

★「リフレーミング」はさまざまな場面に活用できます。たとえば生徒の「困ったところ」（例：落ちつきがない）も見方を変えると「さまざまなことに興味関心がある」「好奇心が強い」といった長所となり、生徒理解にあらたな視点が得られます。

★「リフレーミングワーク」の詳しい解説がHPにあります。⌨ダウンロードして参考にしてください。

表 14-1　リフレーミング辞書（國分康孝・國分久子（監修）（2004）．構成的グループエンカウンター事典　図書文化社）

索引	書きかえたい語	リフレーミングすると	索引	書きかえたい語	リフレーミングすると
あ	甘えん坊な	人にかわいがられる		口が軽い	社交的な
	飽きっぽい	好奇心旺盛な		口下手な	うそがつけない
	〃	興味が広い		暗い感じの	自分の心の世界を大切にしている
	あきらめが悪い	一途（いちず）な			
	〃	チャレンジ精神に富む	け	けじめがない	物事に集中できる
	あわてんぼ	行動的な		けちな	経済観念のある
	〃	行動が機敏な	こ	強引な	エネルギッシュな
い	いいかげんな	こだわらない		興奮しやすい	情熱的な
	〃	おおらかな		こだわりやすい	感受性の強い
	意見が言えない	争いを好まない		ことわれない	相手の立場を尊重する
	〃	協調性がある		〃	人のために尽くす
	いばる	自信のある		〃	寛大な
う	浮き沈みが激しい	心豊かな・表情豊かな	さ	さわがしい	明るい・活発な
	うるさい	明るい・活発な		〃	元気がいい
	〃	元気がいい	し	しつこい	ねばり強い
お	おこりっぽい	感受性豊かな		自分がない	協調性豊かな
	〃	情熱的な		自慢する	自己主張できる
	おしゃべりな	社交的な		〃	自分を愛している
	おっとりした	細かいことにこだわらない・マイペースな		地味な	素朴な・ひかえめな
				消極的な	ひかえめな
	おとなしい	穏やかな		〃	周りの人を大切にする
	〃	話をよく聞く	す	ずうずうしい	堂々とした
	面白みがない	きまじめな	せ	せっかちな	行動的な
か	かたくるしい	きまじめな		〃	行動が機敏な
	勝ち気な	向上心がある		責任感がない	無邪気な・自由な
	カッとしやすい	情熱的な	そ	外面がいい	社交的な
	変わっている	味のある・個性的な	た	だまされやすい	素直な・純粋な
	がんこな	意志が強い		〃	人を信じられる
	〃	信念がある		だらしない	こだわらない
	〃	一貫性がある		〃	おおらかな
き	気が弱い	人を大切にする		短気な	感受性豊かな
	〃	我慢ができる		〃	情熱的な
	気性が激しい	情熱的な	ち	調子にのりやすい	雰囲気を明るくする
	きつい感じの	シャープな感性の		〃	ノリがいい
	きびしい	責任感がある	つ	つめたい	知的な・冷静な
	〃	自分に自信がある		〃	判断力がある
く	口がきつい	率直な	て	でしゃばり	世話好きな
	口が悪い	率直な	な	生意気な	自立心がある
	口が軽い	うそのつけない		涙もろい	人情味がある

索引	書きかえたい語	リフレーミングすると
	涙もろい	感受性豊かな
ね	根暗な	自分の心の世界を大切にしている
の	のんきな	細かいことにこだわらない・マイペースな
	のんびりした	細かいことにこだわらない・マイペースな
は	八方美人な	人づきあいが上手な
	反抗的な	自立心のある
	〃	考えがはっきりした
ひ	人づきあいが下手	こまやかな心をもった
	〃	心の世界を大切にする
	人に合わせる	協調性豊かな
	一人になりがち	自立した・独立心がある
	人をうらやむ	理想のある
ふ	ふざける	陽気な
	プライドが高い	自分に自信がある
ほ	ぼうっとしている	細かいことにこだわらない・マイペースな
ま	周りを気にする	心配りができる
	負けずぎらい	向上心がある
む	向こうみずな	思いきりがいい
	〃	行動的な
	〃	決断力がある
	無口な	穏やかな
	〃	話をよく聞く
	無理をしている	期待に応えようとする
	〃	協調性がある
め	命令しがちな	リーダーシップがある
	目立たない	素朴な
	〃	協調性がある
	目立ちたがる	自己表現が活発な
	面倒くさがる	おおらかな
よ	よく考えない	行動的な
ら	乱暴な	たくましい
る	ルーズな	こだわらない
	〃	おおらかな

■ ■ 4. コンセンサスグループワーク ■

　自分の価値観、人生観を確認するとともに、他者のさまざまな価値観を知りましょう。コンセンサスグループワーク解説および、ふりかえりシートを HP からダウンロード🖥して下さい。

■ ワーク14-3　ノートを貸して

　次のような事例で（1）について自分の考えを決め、グループで話しあってください。

　まさ子さんはこのごろ憂うつです。それというのも試験が近づいてきたからなのです。試験の1週間前くらいになると決まって、かおりさんがノートを貸してと言ってくるからです。

　かおりさんは本当に自分勝手というか、この前の試験の時などは、試験前日にノートを返してくるので、まさ子さんは一夜づけで勉強するはめになり、成績はかんばしくありませんでした。お詫びに映画のチケットをくれましたが……。

　まさ子さんのノートでかおりさんは友だちと一緒に勉強しているらしいのですが、くみ子さんから聞いた話では友だちと「ひどいノートだな、これじゃ全然わからないよ」と言っていたとのこと。

　まさ子さんはくみ子さんに相談してみました。くみ子さんは「じゃ、私から言ってあげる。だってひどいわ。それにしてもまさ子もちゃんと言った方がいいんじゃない。私だったらめちゃくちゃなノートを別につくって貸しちゃうな」と言います。くみ子さんがかおりさんに言ってくれたせいか、2〜3日して急にかおりさんの態度が冷たくなってしまいました。せっかくくみ子さんが言ってくれたと思ったら、かえって事態はひどくなったようです。かおりさんがいろいろ言いふらしているようで、ほかのクラスメイトまで何となくよそよそしい感じです。

　まさ子さんは学校に行くのも気が重くなってきました。そんなある日、まさ子さんは担任の先生に用があったついでに、今の状況を話してみました。先生は「君は成績もいいし、まじめだし、よくやっているね。しかし、このことは君たちの問題だね。君の辛いのはわかるけど、先生が何とかするようなことではないと思うね」と言いました。

　すっかり途方にくれてしまったまさ子さんは、昔から親しかったよしお君に打ち明けました。よしお君は「そんなことで悩んでいても仕方ないだろ。今度一緒に遊びに行こうよ。気持ちが晴れれば、また元気になるさ」と言いました。

　しかし結局、まさ子さんは遊びに行きませんでした。

（福山 清蔵（著）日精研心理臨床センター（編）（1992）．新装版［独習］実践カウンセリング・ワークブックを改変）

（1）順位づけ

　この話には次の5人が登場します。あなたが好感をもてる人からもてない人まで1〜5の順位をつけ、その理由を書いてください。同一の順位はつけないでください。

	順位		理由	
まさ子	（　）	（		）
かおり	（　）	（		）

くみ子	（　　　）	（	）
先生	（　　　）	（	）
よしお	（　　　）	（	）

(2) 次にあなたが登場人物に期待していることと、背景にある価値観を書いてください。

	あなたが期待していること	背景にある価値観
例	○○さんに△△してほしい	例：友人に頼まれたら引き受けるべき
まさ子		
かおり		
くみ子		
先生		
よしお		

(3)：グループでの話し合い

　今度はグループで話しあって、**コンセンサス**（全員の合意）によって「グループとしての順位」を決めます。

　ルール：①話し合いの過程で自分の傾向に気づきながら　②司会を決めず、多数決や平均値などで決めず、できるだけ話し合いで決定する。　③自分の意見を簡単にひっこめず、人の意見も丁寧に聴くようにする。少数意見も大切にする。

順位一覧表　メンバーの名前と各自が考えた順位を記入しましょう。

メンバー氏名	個　　人　　決　　定					集団決定
まさ子						
かおり						
くみ子						
先生						
よしお						

(4) ふりかえりシート（🖥ダウンロード）を記入しましょう。

(5) グループでのシェアリング。

　①自分の考え方で気がついたこと、②他人の意見・態度で気がついたこと、③話し合いの過程で気がついたこと、④次に気をつけたいことなどを話しあいましょう。

(6) 全体でシェアリング。各グループの意見（順位とその理由、決定方法など）を分かちあいましょう。

（引用文献：福山　清蔵（著）　日精研心理臨床センター(編)（1992）．新装版［独習］実践カウンセリング・ワークブック　日本・精神技術研究所　金子書房）

■■ 5. アサーショントレーニング入門 ■■

　アサーションとは相手の気持ちに配慮しながら自分の意志を伝える、コミュニケーションのことです。本節では平木（2021）をもとにアサーションを紹介します。相手も自分も尊重した、さわやかな自己表現を身につけましょう。

（1）対人関係の基本的構え

交流分析では対人関係の持ち方には、次の3つのタイプがあるとされます。

①非主張的（non-assertive）：私は OK でない、他人は OK である（I am not OK-You are OK）。

②攻撃的（aggressive）：私は OK である、他人は OK でない（I am OK-You are not OK）。

③アサーティブ（assertive）：私は OK である、他人も OK である（I am OK-You are OK）。

　人は誕生とともにまず、①のタイプを身につけます。赤ちゃんは自分は泣くことしかできず、それに呼応して世話をしてくれる養育者を OK として、自分は OK でないと思うのです。③のアサーティブな対人関係は誰もが努力の末に身につけることができるのです。

（2）なぜアサーティブになれないのか

アサーティブになれない要因には次のようなことが考えられます。

①自分の気持ちがはっきり把握できない。

　自分の気持ちや言いたいことが自分で明確にわからない場合です。

②結果や周囲を気にしすぎる。

　失敗をおそれたり、他者の評価を気にして嫌われないようにする場合です。

③考え方がアサーティブでない。

　これまでの人生であなたが培ってきた価値観や人生観があると思います。そのなかに「人からは好かれないといけない」「物わかりのいい人が好かれる」「頼まれごとはなるべく引き受けるべきだ」「グチはこぼしてはいけない」「自分の欲求や希望を言う時には控えめにするべきだ」「疲れたり落ち込んだり、腹が立ったり、寂しくなったりした時、それを表現してはいけない」「失敗してはいけない」「上司や先輩には従うべきだ」「人を傷つけてはいけない」といった、アサーティブでないものがあるのかもしれません。

■■ ワーク14-4　　ロールプレイング（1）

　2人組みをつくり、次の設定でロールプレイングをして、その後役割を交代します。

　Aさんは友だちのBさんと待ち合わせをしています。Aさんは1時間待っていますが、Bさんは現れず携帯に連絡も来ません。やっとAさんが来ました。そこでBさんは？

　①パターン1：（アグレッシブ）

・Aさん：いきなり怒り出す「ちょっと約束の時間、何時だと思っているのよ！！！！」

表 14-2　対人関係の基本的構え

①非主張的（non-assertive）私は OK でない、他人は OK である（I am not OK-You are OK）	②攻撃的（aggressive）私は OK である、他人は OK でない（I am OK-You are not OK）	③アサーティブ（assertive）私は OK である、他人も OK である（I am OK-You are OK）
自分の感情や思考などを表現しなかったり、しそこなう、あいまいな言い方をする、言い訳がましく言う、消極的な態度で言うことなどをいいます。一見相手に配慮しているようですが、自分の気持ちには不正直で相手に対しても率直ではありません。非主張的言動の後では「自分はダメだ」と自分を責める気持ちになったり、相手に対して「譲ってあげた」という恩着せがましい気持ちや「人の気持ちも知らないで」といった恨みがましい気持ちが残ります。このような不快な経験が重なると不快感は欲求不満や怒りとなって相手への恨みや関係のない人への八つ当たりにつながることもあります。	自分の意思や考え、気持ちをはっきりと言うことで自己主張はしているのですが、相手の言い分や気持ちを無視、または軽視して、結果的に相手に自分の言動を押し付けることをいいます。不当な非難や侮辱、皮肉、八つ当たりのほか、巧妙に自分の欲求を相手に押しつけたり、相手を操作して自分の思い通りに動かそうとすることも含まれます。このような言動の結果、一時的な自己満足が得られるかもしれませんが、内心後味が悪く後悔をしたり、相手から敬遠され孤立することもあります。お互いの関係は相互尊重にはほど遠く、ギスギスしたものになりがちです。	自分の気持ち、考え、信念などを正直に率直にその場にふさわしい方法で表現し、相手が同じように発言することを奨励します。その結果としてお互いの意見が葛藤を起こすこともありますが、その際はすぐに相手に譲ったり、相手を自分に同意させようとするのではなく、お互いの意見を出しあって、互いに歩み寄りながら双方にとって納得のいく結論を出そうとするのです。話し合いのプロセスではより豊かな創意や工夫が生みだされる可能性もあります。このような言動は、自分がすがすがしいだけでなく、相手にもさわやかな印象を与えます。

・Ｂさん：「悪い悪い」と謝った後、怒っているＡさんに言い返してみましょう。

　②パターン２：（アサーティブ）

・Ａさん：「私はあなたのことを心配していたんだ」というメッセージを伝える。

・Ｂさん：謝った後、言い返してみましょう。

　③２つのパターンを比べて感じたことをシェアリングしてみましょう。

■ ワーク 14−5　ロールプレイング（2）

　次のＡ）、Ｂ）のような場面で、アサーティブな表現、アグレッシブな表現を考えてみましょう。

Ａ）スーパーでゆったりとレジに並んでいたら、突然割り込まれてしまいました。

　①アサーティブな表現

②アグレッシブな表現

> [空欄]

B) 教室での作業時間だが、Y 子さんのグループの話し声がうるさくて少し静かにしてほしい。

　①アサーティブな表現

> [空欄]

　②アグレッシブな表現

> [空欄]

C) これまでの自分の表現をふり返ると

> [空欄]

(3) 問題解決のためのアサーション

問題解決のためのアサーションの方法として DESC 法があります。

表 14-3　DESC（デスク）法

① Discribe（描写する）	状況や相手の行動を客観的に描写する、事実を述べる
② Explain（説明する）	対する自分の主観的気持ちを表現し、相手の気持ちに共感する
③ Specify（特定の提案をする）	相手に望む行動、妥協案、解決策の提案をする
④ Choose（選択する）	肯定的、否定的結果を考えて、選択肢を示す

例

D：会議が始まってそろそろ 3 時間になります。

E：私は集中力が切れてきてしまいました。みなさんも、少し疲れてきているように思えます。

S：このまま続けても、良い案は浮かびそうにないので、各自が家で考えて明日もう一度話しあうというのはどうでしょうか。

C：その方がたくさんの案が出されるように思います。もし、今日中に終わらせたいというのであれば、せめて少し休憩をはさんでいただけませんか。

■■ ワーク14−6　　アサーティブな表現

　次のような場面で、DESC法を使ってアサーティブな表現を考えてみましょう。

A) あなたは中学1年生の学級担任として遠足に行きました。前日の説明で班別の自由行動の後
　の集合時刻に遅れないよう、厳しく言い渡しました。それにもかかわらず、1つの班が遅れ
　てきました。あなたはこの班の生徒にどう声をかけますか？

●アサーティブな表現をDESC法で考えましょう。

①D：

②E：

③S：

④C：

B) あなたは生徒会の担当教員です。同じ生徒会担当のA先生が来て「先生、すみません。今日
　も宿題をしてこなかった生徒への対応があるので、今日の生徒会の指導は先生がしていただ
　けますか」と頼んできました。交代で指導することになっているのに、これで5回連続で自
　分が指導しています。あなたは腹が立って「先生いいかげんにしてください。私だって暇じ
　ゃないんですから。今日は先生がやってください」ときつく言ってしまいました。

● DESC法を用いたアサーティブな表現を考えましょう。→　相手の立場に理解を示しつつ、妥
協案や譲歩案などを示す会話を考えてください。

①D：

②E：

③S：

④C：

【引用・参考文献】

平木　典子（2021）．3訂版　アサーション・トレーニング――さわやかな〈自己表現〉のために――　日
　　本・精神技術研究所　金子書房

平木　典子（2000）．自己カウンセリングとアサーションのすすめ　金子書房

杉田　峰康（2000）．医師・ナースのための臨床交流分析入門　第2版　医歯薬出版

■■ 6. 学校生活にみられる関係性攻撃への対処 ■

　ここでは、アメリカで開発された学校生活関係性攻撃予防・介入プログラム（Preventing Relational Aggression in Schools Everyday Program: PRASE）を参照しつつ、日本の中学校に適した形に修正した、簡略版プログラムを紹介します。関係性攻撃（たとえば悪いうわさを流すなどして対人操作を行う、絶交すると脅す、所属するグループから疎外する）の予防は、生徒個人にとってメリットがあるばかりではなく、学校の雰囲気の改善にもつながります。関係性攻撃が頻繁に起こっているクラスでは、生徒は安心して過ごすことができないといわれています。PRASE のワークに挑戦してみましょう。

(1) アンガーマネジメント

　人にありもしないうわさを流されたり、大切にしているものをこわされたり、傷つけられたり……。このように自分の身を守らなければならない時、人は怒りを感じることがあります。怒りは、なんか変だぞ！と状況を判断し身を守る行動を促すサインのようなものです。ですから怒りをきちんと感じてあげることが大切です。でも怒りをそのまま相手にぶつけては、相手を傷つけたりお互いの関係が悪くなったり、結果として自分も傷ついたりすることがあります。怒りを感じた時どのような解決方法があるか、ワークを通して考えてみましょう。

　怒りを感じた時に信頼できる友人やおとなに話したり相談にのってもらうことはとても良い方法のひとつです。しかし、信頼できる友人やおとながいつもいてくれるとは限らないでしょう。そんな時どうすればいいでしょうか？　ひとりでもとりあえずできることは次のようなことです。

■ ワーク14-7　　クールダウンしよう（Cool it before action!）

　最近自分がもっとも怒りを感じた時のことを思い出してみましょう。そして以下の4つの方法のうちどれか1つを選んでやってみましょう。
　・5回深呼吸する（目を閉じてもよい）。
　・ゆっくり10数える。
　・自分と対話する（例：焦るな、落ち着いて、良い方法を考えよう、相手の思惑にはまらないぞ！など）。
　・気分が良くなることを想像する。
　クールダウンできるようになると、冷静により良い解決方法を見つけることができます。

(2) ちょっとわきにおいておこう！（Let it slide）

　Let it slide とは、友だちとのあいだでトラブルが起こったとしても、大げさに考えないために使う対処方法を指します。
　・その状況を無視する。

・立ち去る。

・なぜそのようなことが起こったかについて相手に尋ねる。

・ほかの活動に参加することで忘れるようにする。

　Let it slide では、怒りを感じないようにすることを指すのではなく、怒りをあらわさず、その状況について反応しないように指します。しかし、いじめのような無視すべきでない状況については、Let it slide は使用しないようにします。

■ ワーク14−8　あなたならどうする？　怒りの対処方法

　そうじの時間、最後のゴミ捨てをみんなはあなたひとりに押しつけて帰ろうとしています。あなたならどうしますか？　下の選択肢から選んで（　　　）に記入しましょう。

（　　　　　）

　A．黙ってゴミ捨てをする。

　B．ほかの仲の良い友だちにゴミ捨てを手伝ってもらう。

　C．ゴミ捨てを押し付けた生徒をにらみつける。

　D．なぜ自分ひとりでゴミ捨てをしないといけないか尋ねる。

その選択肢の良いところ、良くないところについて書いてみましょう。

良いところ

良くないところ

（3）わかりにくいいじめについて考える──人に対する陰口を拡めることはいじめか？

　陰口とは何か？

・作り話の可能性が高いものである。

・たとえ真実だとしてもあなたがほかの人に知られたくないようなことが含まれる（例：落第したことがあるけどほかの人に知られたくない）。

・大げさに言われることがある（事実だけど、ものすごく大きなことのように言われる）。

・容姿や家族やその人のふるまいなどについての内容が多い。

・陰口を言われた人が通常傷つくようなことである。

・誰かの感情を傷つけるように内容が作られたり、ダメージが大きくなるように作られたりする。

例1：「さゆりさんは昨晩なわとびの練習をした」

→これは陰口？　これは陰口ではない。単なる事実。しかし……「知ってる？　さゆりさんまだなわとびの仕方を知らないのよ。どうかしているんじゃない？」……これも事実かもしれないけれども、さゆりさんの気持ちを傷つけるので、陰口として解釈される。

例題2：ゆき子さんは友だちにささやいた。「知ってる？　さゆりさんの服はごみ箱からひろってきたものよ。」
→これは陰口？　これは陰口。
　なぜ陰口か？　さゆりさんの立場を傷つけたから。
　もしゆき子さんが陰口を言っているのをさゆりさんが知ったら、さゆりさんはどんな気持ちになるだろう？　この手の陰口に対して、ふつう子どもたちはどのように反応するだろう？
　陰口は意図的に作られ、誹謗中傷へと転じ、人を死に追いやることもある極めて危険な行為となることがあります。

■■■ ワーク14-9　　なぜ人は陰口を言うのか？

問1：なぜ人は陰口を言うのか？　理由を記述してみましょう。

問2：陰口を言うとどのようなことが起きるのか、記述してみましょう。

問3：問1と問2についてグループで討論してみましょう。　　　　※解説はダウンロード🖳

【引用・参考文献】

Leff, S. S., Waasdorp, T. E., Paskewich, B., Gullan, R. L., Jawad, A. F., MacEvoy, J. P., Feinberg, B. E. & Power, T. J. (2010). The Preventing Relational Aggression in Schools Everyday Program: A preliminary evaluation of acceptability and impact. *School Psychology Review*, *39*(4) , 569-587.

【執筆者紹介】

桜井　美加（さくらい・みか）

　国士舘大学文学部教育学科教育学コース教授
　臨床心理士　公認心理師
　上智大学大学院文学研究科心理学専攻博士後期課程修了　博士（心理学）
　米国ボストンカレッジ大学院で修士課程を修了した後、アメリカで常勤セラピストとして子どもや保護者を対象とした
カウンセリングを実施。帰国後は学校や病院で臨床経験を積んだ後、大学でカウンセリングの基本的な理論と
実践について、アクティブラーニングという授業形態で学ばせることを試みている。
　担当：はじめに、第2章、第5章、第7章、第9章、第11章2、第14章6

齋藤　ユリ（さいとう・ゆり）

　国士舘大学文学部非常勤講師
　臨床心理士　公認心理師
　大正大学大学院人間科学研究科福祉・臨床心理学専攻博士課程修了　人間学博士
　公立中学校（美術科）非常勤講師を勤め、不登校、発達障害を抱える生徒を対象とした通級学級等で、生徒の自己
表現やコミュニケーションのありようを支援していくなかで、臨床心理学を学び始めた。
　私立中高スクールカウンセラー、看護専門学校講師を経て現職。教師を目指す学生に教育相談のさまざまな役割や
機能を体験的に学べる授業を行っている。
　担当：第1章、第3章2、第5章、第6章、第7章、第11章3、第12章、第13章、第14章1〜5、コラム3、4、5、
　　　　6、7

森平　直子（もりだいら・なおこ）

　相模女子大学人間社会学部人間心理学科教授
　臨床心理士　公認心理師
　上智大学大学院文学研究科教育学専攻心理コース博士後期課程単位取得満期退学　博士（心理学）
　通信制高校サポート校や大学の学生相談室にカウンセラーとして勤務。米国ワシントン大学大学院でスクールカウ
ンセリングを学んだ後、教師やスクールカウンセラーを目指す学生に、学校における心理教育の重要性や教育相談
が担う役割の多様性を伝え、体験的に学ばせる授業を展開してきた。
　担当：第3章1、3、第4章、第8章、第10章、第11章とびら、第11章1、第14章とびら、コラム1、2

索　　引

教育相談ワークブック——子どもを育む人になるために【新版】

2016年 3 月20日	初版第 1 刷発行
2018年 9 月 5 日	初版第 4 刷発行
2019年 4 月10日	改訂版第 1 刷発行
2022年 4 月20日	改訂版第 5 刷発行
2024年 5 月20日	新版第 1 刷発行

著　者　　桜　井　美　加
　　　　　齋　藤　ユ　リ
　　　　　森　平　直　子

発行者　　木　村　慎　也

・定価はカバーに表示　　　　　印刷　新灯印刷／製本　和光堂

発行所　株式会社　北 樹 出 版

URL : http://www.hokuju.jp

〒153-0061　東京都目黒区中目黒1-2-6　（03）3715-1525（代表）

© 2024, Printed in Japan　　　　　　　ISBN978-4-7793-0748-5
（落丁・乱丁の場合はお取り替えします）